 新泉社

ビジュアル版

弥生時代ガイドブック

安藤広道

目次

装　　幀　新谷雅宣
本文レイアウト　菊地幸子
本文図版　松澤利絵

01 弥生文化とは？ 弥生時代とは？

本書では、弥生文化・弥生時代についての私の考えをお話しすることにします。

現在、弥生文化・弥生時代の研究者が何人いるのか、正確な数はわかりませんが、私の知る限り一人ひとりの考えは実に多様です。もちろん、それらの最大公約数的なところがないわけではありません。しかし、そのような共通したところをお話しするだけでは、おそらく考古学に関心をもつ皆さんの知的好奇心にふれるような内容にはならないでしょう。一方、研究者ごとの考えの違いを一つひとつ紹介していくことも、本書のページ数ではむずかしそうです。ですから、ひとまず私の考えを中心にお話しすることにした、というわけです。

じつは、弥生文化や弥生時代という言葉の意味するところも、研究者ごとに微妙なズレがあります。ちなみに私は、**〈弥生文化〉の時代を〈弥生時代〉とよぶ**ことにしています。では〈弥生文化〉とはどんな〈文化〉なのでしょうか。ここでまず考えなければならないのは、弥生文化の〈文化〉がどのような意味か、ということです。文化の学問である文化人類学では、文化を「**知識、信仰、芸術、道徳、法律、慣習その他、社会の成員としての人間によって獲得されたあらゆる能力や習慣の複合した総体**＊」などと説明してきました。つまり、ある

＊E・B・タイラー『原始文化』（一八七一年、比屋根安定訳　誠信書房、一九六二年）のなかで述べられた定義。

集団の暮らしぶり（生活様式）や世界の認識の仕方のまとまりだというわけです。しかし、弥生文化の〈文化〉は、この定義とは少し意味が違うようです。なぜなら弥生文化とよばれる時間・空間の範囲の人びとの暮らしぶりには、大きな違いが含まれているからです。

人びとの暮らしぶりは、時間はもちろん、空間によっても変化していきます。そうした変化を広い時間・空間の枠組みから俯瞰した場合、どのようにみえるでしょうか。それは時間・空間双方に展開する連続的な変化としてみえてくるはずです。ただその変化は、色の世界のような単調なグラデーションではありません。急な変化や断絶、逆に変化の緩やかなところが入り交じっています。そうした変化のあり方に着目すると、人びとの暮らしぶりの連続的な変化を、特定の時間・空間の範囲に分けていくことが可能になってきます。弥生文化の〈**文化**＊〉は、そうやって区切られた（相違や変化を内包した）時間と空間の単位なのです。

私たちは、連続的な色の世界に、なんらかの区切りを加え、それぞれに名前をつけることで、色について語り合うことができるようになります。同様に人びとの暮らしぶりについても、〈文化〉に区切ることで、その変化を歴史として語ることができるのです。一方でそれは、おもに研究者によって区切られた任意の単位に過ぎません。どんな変化を重視するかで区切り方や内容は異なってきます。だから弥生文化の解釈も多様になってしまうのです。ひょっとすると今後、現在とはまったく別の〈文化〉の区分にとってかわられるかもしれません。弥生文化は、あくまで現在の私たちが創り出した、歴史を説明するための枠組みだからです。

＊考古学資料の時間的・空間的変化にもとづいて設定したものを〈考古学的文化〉という。

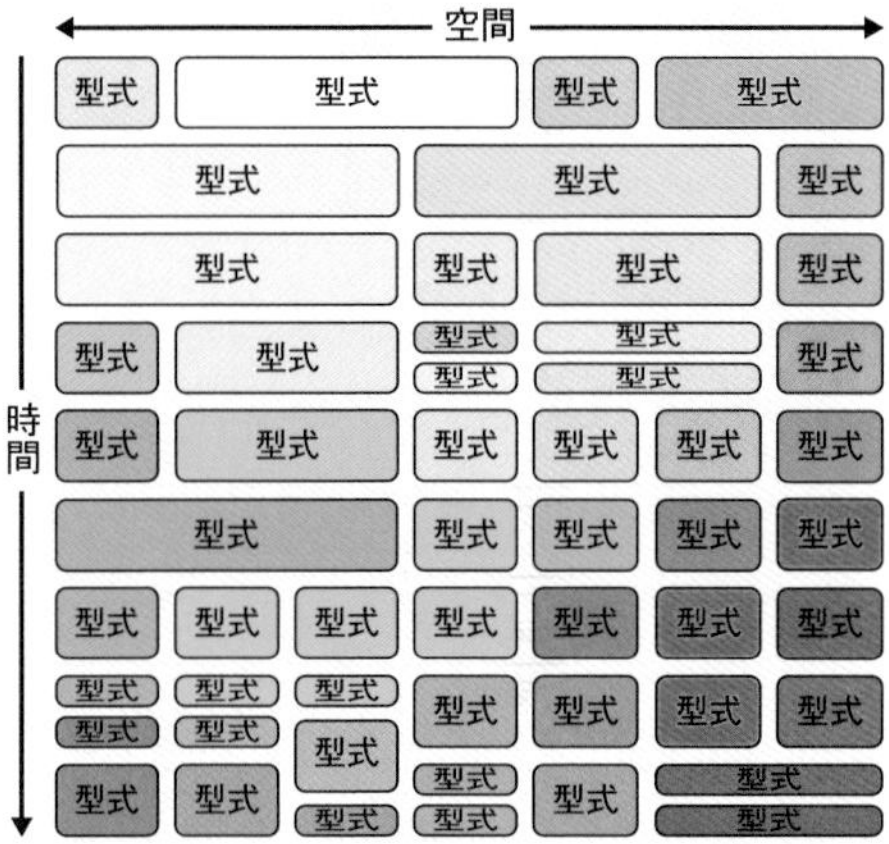

(2)　さまざまな遺構や遺物のあり方にもとづき、それぞれの〈型式〉を用いた人びとの暮らしぶりを把握する（ただし、どの要素を重視するかで暮らしぶりの評価は〈多様〉になる）。

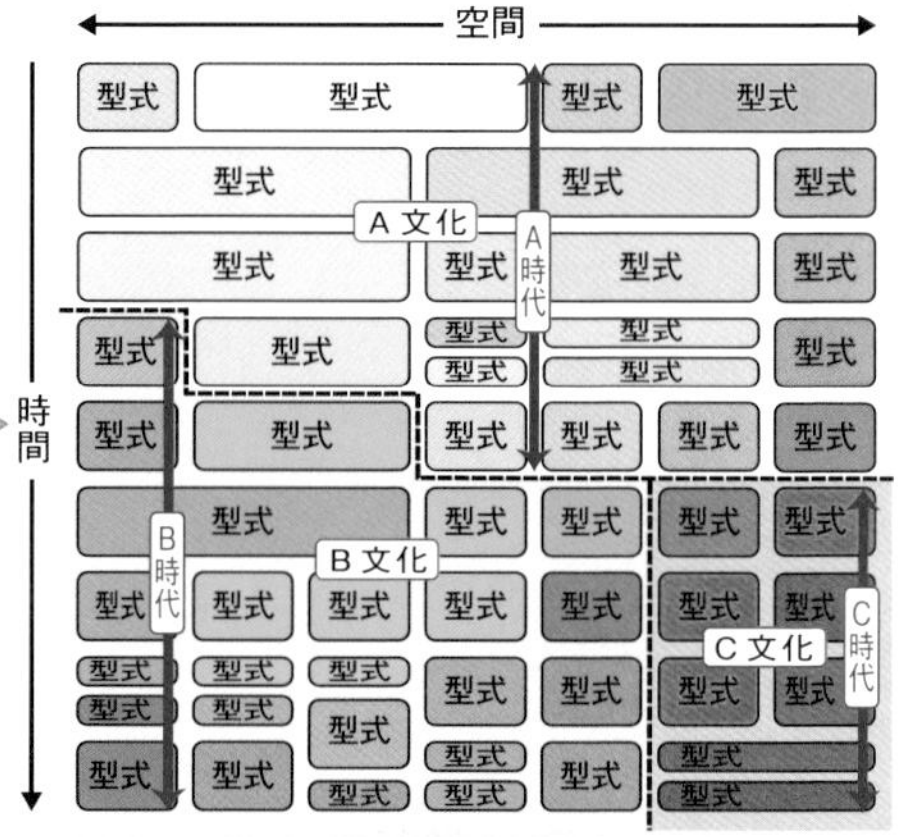

(3)　それぞれの〈型式〉を用いた人びとの暮らしぶりの変化や異同にもとづき、〈文化〉の単位としてまとめていく（ただし、歴史観によって〈多様〉な区切り方が可能）。

01 弥生文化・弥生時代とは?

弥生文化は、日本列島で展開していた人びとの暮らしぶりの変化を、現在の私たちの視点から区切った時間と空間の単位である。そのため、どんな事象のどんな変化に着目するかによって、弥生文化と弥生文化をとりまく諸文化との境界や、それぞれの文化の内容は異なってくる。ちなみによく耳にする縄文時代が1万年以上、弥生時代が千年以上つづいたという表現には注意が必要である。これらの時代が長いのは、私たちがそうした時間幅で縄文文化、弥生文化を区切ったということに過ぎないからである。

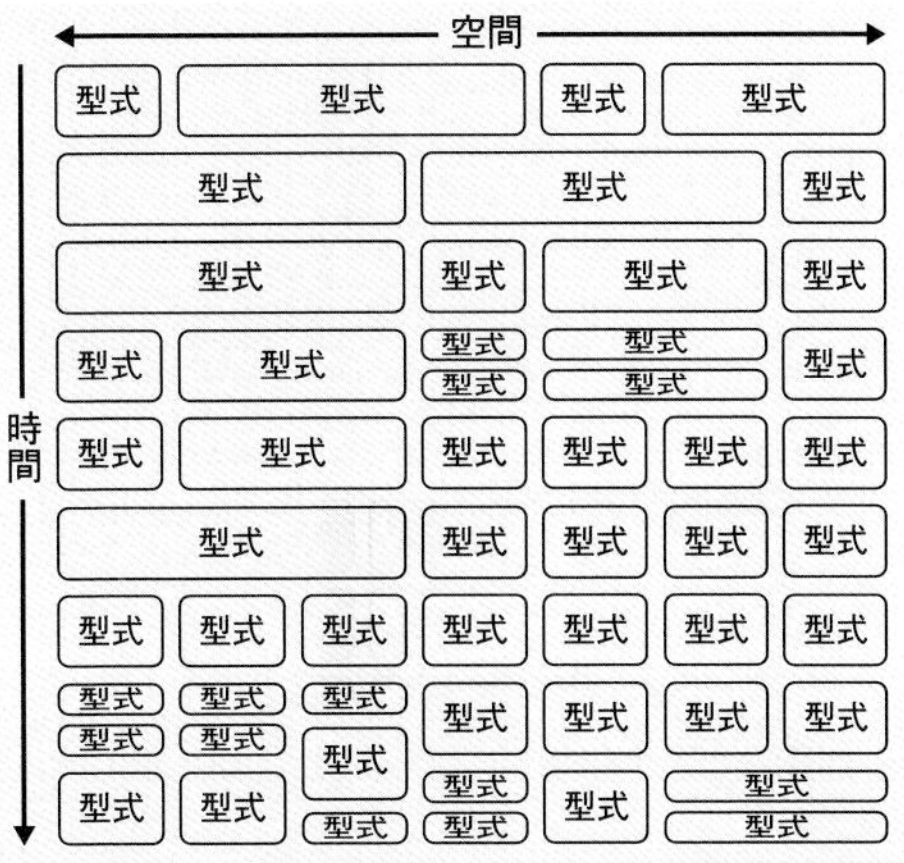

❶〈考古学的文化〉の設定の流れ(模式図・(1)〜(3))

(1) 指標となる遺物や遺構の〈型式〉を設定して、時間と空間の枠組みをつくる(ただし〈型式〉設定の方法によって〈多様〉な時間と空間の枠組みの設定が可能)。

❷弥生時代の生活の復元

02 弥生文化をどのようにとらえるのか

一八八四年、**東京都文京区本郷弥生町**＊で、ひとつの壺形《つぼがた》土器が発見されました。しばらくして、この土器と、すでに知られていた貝塚土器（縄文土器）や古墳出土の土器との違いに注目した東京帝国大学人類学教室の面々が、発見された土器に似た特徴をもつ土器群を、発見地にちなんで**弥生式土器**＊とよびはじめました。そして、弥生式土器の文化・時代を、弥生（式）文化・弥生（式）時代というようになったのです。これが〈弥生〉のはじまりです。

しかし現在、当時と同じように弥生式土器の文化・時代を弥生文化・弥生時代と考える研究者はほとんどいません。現在の弥生時代の定義としては、一九七五年に**佐原真**《さはらまこと》＊さんが提唱した**「日本で食糧生産を基礎とする生活が開始された時代」**で**「前方後円墳の出現をもって古墳時代へと移行した」**＊との考え方が一般的になっています。さらに佐原さんは土器そのものの特徴にもとづいて縄文土器と弥生土器を定義・区分することはできないとし、縄文時代の土器を縄文土器、弥生時代の土器を弥生土器とよぼう、とも主張しました。

ただ私は、佐原さんとは違った意見をもっています。そもそも佐原さんの定義に、弥生時代にはなかった日本という国名が使われていることが不思議です。ではこれを日本列島にす

＊現在は文京区弥生二丁目。東京帝国大学人類学教室の有坂鉊蔵が貝塚をみつけ、坪井正五郎とともにこの土器を発見した（坪井正五郎「帝国大学の隣地に貝塚の踪跡有り」『東洋学芸雑誌』第六巻第九一号、一八八九年）。

＊弥生式土器の名称がはじめて活字になったのは、蒔田鎗次郎「弥生式土器（貝塚土器ニ似テ薄手ノモノ）発見ニ付テ」『人類学雑誌』第一一巻第一二二号、一八九六年。

＊**佐原真**（一九三二〜二〇〇二）　一九六〇年代以降の弥生文化研究を牽引

ればいいかというと、そういうことでもありません。〈文化〉はあくまで暮らしぶりの変化を区切っていくものであって、地域を先に決めてはいけないからです。

日本の考古学研究の基礎を築いた研究者に、**山内清男**《やまのうちすがお》＊さんという人がいます。山内さんは、日本列島から出土する文字が使用される前の土器をくわしく調べ、それらの時間的空間的な違いにもとづき、時空間に連続する多数の〈型式〉を設定しました。そのうえで、狩猟・漁撈・採集生活を営んでいた人びとによる、時空間に連続しながら大陸との関係が希薄な土器型式のまとまりを〈縄紋（式）土器〉とし、その範囲を〈縄紋（式）文化〉とよびました。そして、〈縄紋文化〉の人びとが、大陸と関係をもって農耕をおこなうようになり、暮らしぶりが変容した段階の土器型式の時空間的まとまりを〈弥生式土器〉、その範囲を〈弥生式文化〉としたのです。私の弥生文化の枠組みは、こうした山内清男さんの意見を参考にしています。

粘土でつくられる土器は自由な造形が可能です。そのため、形、大きさ、装飾などの特徴にもとづいて、実に多くの型式を設定することができ、それによって時間と空間を細かく区分することが可能になります。また土器の型式は、人びとの暮らしぶりや集団間の関係の粗密、そしてそれらの変化を鋭敏に反映します。〈文化〉の区分にあたって土器を重視するのにはそれなりの理由があるのです。私も、弥生文化の範囲あるいは他の〈文化〉との境界については、土器型式の時空間の連続を土台にし、それぞれの型式を用いていた人びとの暮らしぶりを示す、さまざまな証拠に目を向けながら議論すべきだと考えています。

した研究者のひとり。奈良国立文化財研究所（当時）埋蔵文化財センター長、国立歴史民俗博物館館長を歴任。

＊佐原真「農業の開始と階級社会の形成」『岩波講座日本歴史1』岩波書店、一九七五年。

＊**山内清男**（一九〇二〜一九七〇）戦前・戦後の日本の先史考古学、特に縄文文化研究の基礎を築いた研究者。東京大学講師を経て成城大学教授。

❹弥生（式）土器第１号　1884年に東京都文京区弥生町（弥生町遺跡）で発見された壺形土器。後期

❺九州地方における晩期縄文土器とされる土器のセット　装飾は少なく、肩に段をもち、口の部分にわずかな装飾を施す深鉢形と浅鉢形のセットが特徴。浅鉢形を中心に一部の土器が黒く磨かれることから、黒色磨研土器ともよばれる。鹿児島県上加世田遺跡

❻朝鮮半島無文土器の壺形土器　赤く塗られた精製の壺形土器。焼成時に、土器と燃料を灰や泥などでおおって焼く〈おおい焼き〉の技術によって製作される。朝鮮半島南部各地

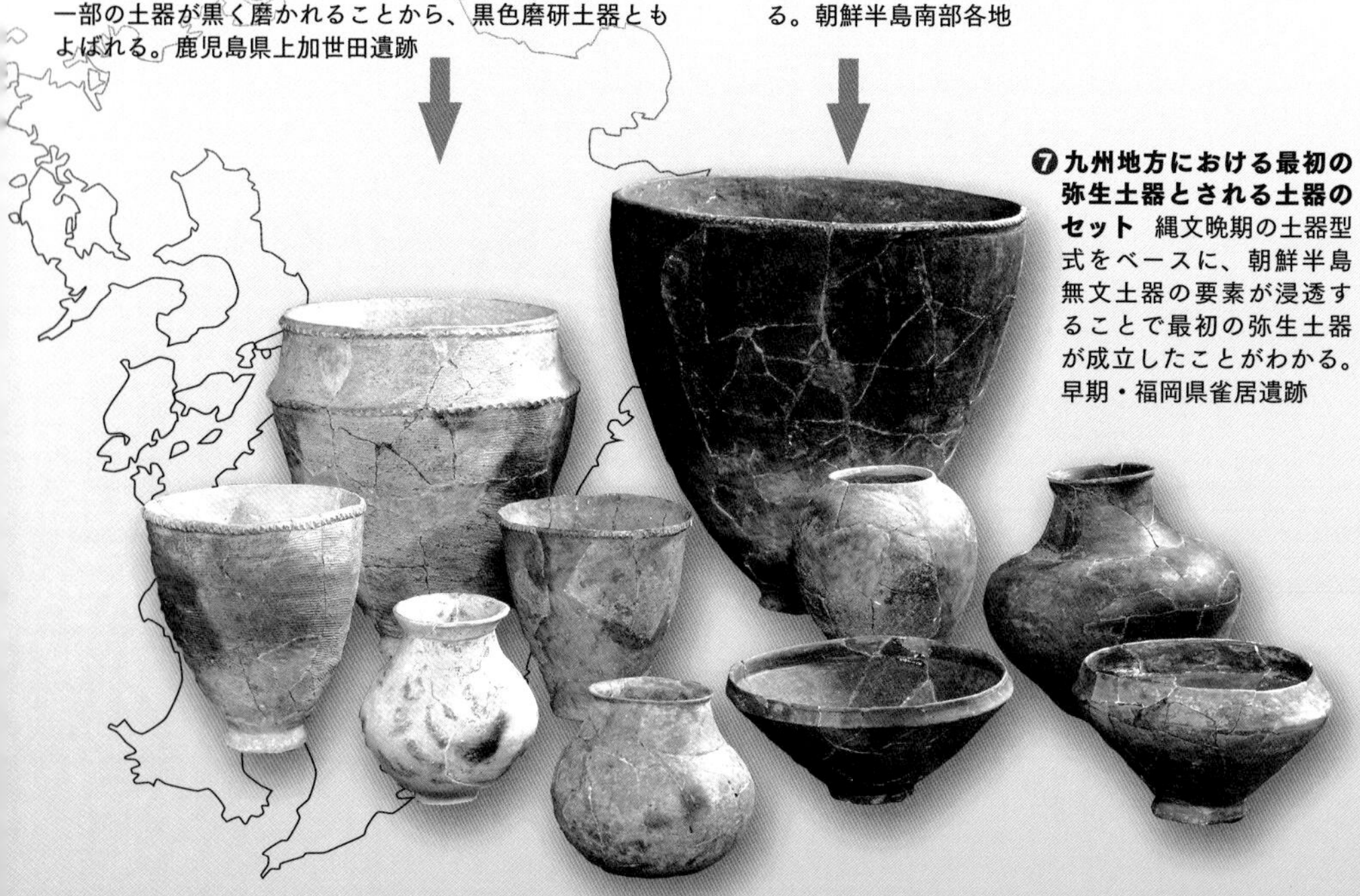

❼九州地方における最初の弥生土器とされる土器のセット　縄文晩期の土器型式をベースに、朝鮮半島無文土器の要素が浸透することで最初の弥生土器が成立したことがわかる。早期・福岡県雀居遺跡

02 弥生文化の時空間的範囲をどのように区切るのか

縄文文化や弥生文化のように、集落ごとや地域ごとに土器をつくっていたと考えられる人びとの暮らしぶりを〈文化〉に区分していく場合、世界的にも、まず人びとがつくり使っていた土器によって時間と空間の枠組み（型式編年）をつくり、個々の土器型式を単位として、人びとの生活のあり方を比較し、分類していくという方法をとるのが一般的である。縄文文化も弥生文化もそのようにして区切られた考古学的文化である。

❶弥生（式）土器第１号が出土したとされる場所に立つ石碑　最初の弥生（式）土器の出土地点をめぐっては、しばらく論争がつづいていた。現在、複数の候補地点を含む一帯が、比較的大きな集落遺跡（環濠集落）だったことが判明している。

縄紋土器型式の大別と細別

	渡島	陸奥	陸前	関東	信濃	東海	畿内	吉備	九州
早期	住吉	（＋）	槻木１ 〃　２	三戸・田戸下 子母口・田戸上 茅山	曾根？× （＋）	ひじ山 粕畑		黒島×	戦場ヶ谷×
前期	石川野× （＋）	円筒土器 下層式 （４型式以上）	室浜 大木１ 〃　2a, b 〃　3―5 〃　6	蓮田式｛花積下 関山 黒浜 諸磯 a, b 十三坊台	（＋） （＋） （＋） 踊場	鉾ノ木×	国府北白川１ 大歳山	磯ノ森 里木１	轟？
中期	（＋） （＋）	円筒上a 〃　b （＋） （＋）	大木 7a 〃　7b 〃　8a, b 〃　9, 10	五領台 阿玉台・勝坂 加曾利E 〃（新）	（＋） （＋） （＋） （＋）			里木２	曾畑 阿高 出水｝？
後期	青柳町× （＋） （＋）	（＋） （＋） （＋） （＋）	（＋） （＋） （＋） （＋）	堀之内 加曾利B 〃 安行　1, 2	（＋） （＋） （＋） （＋）	西尾×	北白川２×	津雲上層	御手洗 西平
晩期	（＋）	亀ヶ岡式｛（＋） （＋） （＋） （＋）	大洞 B 〃　B―C 〃　C1, 2 〃　A, A′	安行 2―3 〃　3	（＋） （＋） （＋） 佐野×	吉胡× 〃　× 保美×	宮滝× 日下× 竹ノ内× 宮滝×	津雲下層	御領

❷山内清男による縄紋土器の編年表　山内清男は、各地の土器を〈型式〉に分類し、それらを時間軸・空間軸に配列した時空間の枠組み（編年）を確立した。そして、その枠組みにもとづいて縄紋文化と弥生（式）文化の範囲を論じた。この表は、1937年に作成された縄紋（式）土器の編年表（凡例は省略）。

	北・東部九州	中部瀬戸内	近畿	東海	北陸	中部高地	関東	東北	
縄文晩期	堀田Ⅰ・（楠野） 堀田Ⅱ・上菅生B 松木・（夏足原）	（岩田第4類） ＋ 船津原 谷尻	滋賀里Ⅱ 滋賀里Ⅲa 篠原（古） 篠原（中） 篠原（新）	寺津・清水天王山中層a類 元刈谷・清水天王山中層b類 稲荷山・清水天王山上層a類	勝木原・御経塚1 勝木原・御経塚2 勝木原・御経塚3 中屋1 中屋2・3	＋ 佐野Ⅰa 佐野Ⅰb	安行3a 安行3b・姥山Ⅱ 姥山Ⅲ 安行3c・前浦Ⅰ	大洞 B_1 大洞 B_2 大洞 B-C1 大洞 B-C2 大洞 C_1	縄文晩期前半
弥生早期	山ノ寺/夜臼Ⅰ・長行Ⅰ 下黒野 夜臼Ⅱa ・長行Ⅱ	前池 津島岡大 沢田	滋賀里Ⅳ 口酒井 船橋	（西之山） 馬見塚F 五貫森 馬見塚 （雕鹿塚） （関屋塚） 駿河山王	下野（古） 下野（新） 長竹（古） 長竹（新） 柴山出村（古）	佐野Ⅱa 佐野Ⅱb 女鳥羽川 離山 氷Ⅰ（古） 氷Ⅰ（中）～（新）	安行3d・前浦Ⅱ 前窪・千網↓ 荒海	大洞C_2（古） 大洞C_2（新） 大洞A_1 大洞A_2 大洞A’	縄文晩期後半
弥生前期	板付Ⅰa・夜臼Ⅱb 板付Ⅰb 板付Ⅱa・＋ 板付Ⅱb・下城 板付Ⅱc	津島Ⅰ/Ⅱ 高尾 門田	Ⅰ（古）・長原 Ⅰ（古） Ⅰ（新）↓	樫王 水神平・氷Ⅱ	柴山出村（新）	氷Ⅱ	↓沖・女方	青木畑・砂沢	弥生前期

❸縄文文化・弥生文化の境界付近の編年表の例　編年体系上の縄文文化と弥生文化の境界をめぐっては、研究者ごとに意見が異なるところがある。この表は設楽博己が作成したもの。

03 縄文文化から弥生文化への変容

では、弥生文化はいつどこではじまったのでしょうか。私は、**紀元前一〇世紀ころ***、**九州北部の縄文文化に、朝鮮半島南部に展開していた無文土器文化の構成要素である、水田稲作とアワ・キビ畠作の技術をはじめとする暮らしぶりの一端が定着した時点**、より具体的にいうと、土器をはじめとするさまざまな考古学資料に、そのことを反映するなんらかの変化が認められた時点ではじまったと考えることにしています。

九州北部ではじまった初期の弥生文化では、土器や石器のつくり方に縄文文化の伝統が継承されながら、朝鮮半島南部の無文土器文化の技術もしっかりと定着している様子がうかがえます。また竪穴住居や墓のつくり方にも無文土器文化の影響が色濃くみられます。

弥生文化がはじまる前の九州に分布していた土器は、東海西部以西の西日本一帯のものと共通する特徴をもっていて、縄文土器のまとまりの一部と理解できます。しかし朝鮮半島には縄文土器の一部と評価できる土器の型式は存在しません。このころの朝鮮半島に分布する無文土器は、縄文土器とは別の土器型式のまとまりと考えられます。私は、弥生文化のはじまりを**無文土器文化との接触による九州北部の縄文文化の変容**と考えているのですが、無文

*弥生文化のはじまりの年代をめぐっては、現在も論争が続いている。ここではおもに藤尾慎一郎の年代観(『弥生時代って、どんな時代だったのか?』藤尾慎一郎編 朝倉書店、二〇一七年)に準拠したが、紀元前八世紀ころまで下げる意見も多いので注意してほしい。

土器文化が九州北部に渡ってきてすぐに縄文文化との接触により変容した、と理解することも不可能ではありません。実際にはその双方の側面が絡み合っていたのだと思っています。

一方で、そのころの日本列島のほとんどの地域は、まだ無文土器文化に淵源をもつ要素が定着していない、つまり縄文文化のままでした。その後、九州北部ではじまった弥生文化の要素が、しだいに東と南の縄文文化に浸透していくとともに、暮らしぶりにも変化を生じさせていきました。それが各地における弥生文化のはじまりです。

とはいえ、九州北部の弥生文化のはじまりを含め、各地でいつ弥生文化への変容が起こったのかをめぐっては、研究者ごとに少なからぬ意見の相違がみられます。どの地域でも、水田稲作、アワ・キビ畠作の技術を含む無文土器文化に淵源をもつ要素が、いっぺんに定着するわけではないので、どの要素を重視するかで開始時期の評価が変わるからです。ただ、多くの研究者が、紀元前四世紀のはじめころまでには、東北北部までが弥生文化に変容したと考えています。九州北部とは五〇〇年以上の時間差があるということになります。こうして私たちが弥生文化とよぶ〈文化〉の範囲が広がっていったのです。

なお水田稲作が定着しなかった北海道では、東北北部における弥生文化のはじまりと同時に、縄文文化が**続縄文文化***という〈文化〉に変容したと考えられています。ただ、本州北端の弥生文化と道南の続縄文文化には、土器をはじめ多くの共通点がみられる一方で、道東・道北では弥生文化の影響はわずかです。こうしたところに〈文化〉区分のむずかしさがあります。

＊**続縄文文化**　続縄文文化は、北海道の晩期縄文文化が東北北部の弥生文化と接触したことで変容した考古学的文化。弥生文化の農耕技術は定着していない。七世紀前後に擦文文化に移行すると考えられている。

❼西日本に弥生文化が広がりはじめたころの東北地方の縄文土器　高い技術で精巧につくられた装飾豊かな土器。晩期縄文文化・岩手県九年橋遺跡

❽西日本に弥生文化が定着したころの土器　遠賀川式とよばれる比較的斉一性の強い土器。前期・奈良県唐古・鍵遺跡

❾東北北部における最初の弥生土器　晩期の縄文土器そのもののようにみえるが、一部に遠賀川式の要素が定着している。前期・青森県砂沢遺跡

❿東北北部から出土した遠賀川式に酷似した土器　❽の土器によく似ている。前期・青森県剣吉荒町遺跡

⓫北海道南部の続縄文土器　東北北部の弥生土器と共通する特徴が多い。ただし、水田稲作が定着していないため弥生土器とはよばない。中期併行・北海道恵山貝塚遺跡

03 弥生文化がはじまったころの各地の様相

弥生文化がはじまったころの九州北部の遺跡では、土器などに縄文文化からの連続性がみられる一方で、集落や墓のつくり方をはじめ、農耕に関係する石器などの道具類、土器の製作技法など、暮らしぶりの多くの様相に、朝鮮半島無文土器文化からの影響が色濃く認められる。その後、これら無文土器文化に淵源をもつ要素が東に南に広がっていき、各地の縄文文化にも変化があらわれはじめる。これが地域ごとの弥生文化のはじまりである。

❶ **初期の弥生文化の集落遺跡** 松菊里式とよばれる無文土器文化にみられる竪穴住居からなる。早期・福岡県江辻遺跡

❷ **支石墓** 無文土器文化で発達した墓の上部施設で、弥生文化成立期に九州北部に定着した。早～前期・長崎県里田原遺跡

❸ **無文土器文化の石包丁・磨製石斧・石剣** 朝鮮半島各地

❹ **初期の弥生文化の石包丁・磨製石斧・石剣** 石包丁や磨製石斧類は大陸系磨製石器とよばれ、弥生文化の広い範囲に定着した。早期・佐賀県菜畑遺跡

❺ **初期の弥生土器** 大きな黒い斑文はおおい焼きの証拠。早期・福岡県板付遺跡

❻ **装飾をもつ初期の弥生土器** 装飾の沈線を赤く塗るのは縄文土器の手法。早～前期・佐賀県菜畑遺跡

04 弥生文化・弥生時代の枠組み

　弥生文化の時空間の範囲を語るには、当然その終わりについても説明する必要がありますが、終わりをめぐる問題は後でとりあげるとして、ひとまず弥生文化の範囲に前方後円墳をつくる社会が形成された三世紀中ごろを、弥生文化の終わり＝**古墳文化***のはじまりとして話を進めたいと思います。そうすると弥生文化には、紀元前一〇世紀から紀元後三世紀まで、そして本州・四国・九州に及ぶ広い地域の人びとの暮らしぶりが含まれていることになります。弥生文化の外側に目を向けると、紀元前四世紀までは縄文文化と、それ以後は北海道の続縄文文化と接していました。また朝鮮半島で設定されている無文土器文化とその後の**三韓文化***、奄美・沖縄諸島で設定されている**貝塚文化***とも接していたことになります。

　弥生文化と弥生文化をとりまくこれらの〈文化〉は、いずれも時間と空間に展開する人びとの暮らしぶりの変化を区切ったものです。ですから、それぞれが時間的・空間的変化を内包しており、一つの〈文化〉のなかであっても、最初と最後、相互に離れた場所の様相には大きな違いがみられることになります。一方で、初期の様相は末期のものよりも直前の〈文化〉に近く、〈文化〉の境界付近では隣接する〈文化〉の要素が色濃く認められるのが普通

＊近藤義郎は、古墳時代を前方後円墳時代とよびかえるべきと主張した（『前方後円墳と弥生墳丘墓』青木書店、一九九五年）。本書では混乱を避けるため古墳文化・古墳時代を用いるが、私は、学術論文においては前方後円墳文化・前方円墳時代を使用している。

＊**三韓文化**　紀元前一〇八年の楽浪郡の設置以後、三国時代までの間の朝鮮半島南部の考古学的文化には、複数の名称がある。ここでは、この地域・時期の土器型式のまとまり（三韓土器）を重視し、三韓文化とよんでおく。

＊**貝塚文化**　約七〇〇〇年前〜一一世紀の奄美・沖縄諸島に展開した〈考古学的文化〉。漁撈を中心とした自然資源の獲得による生活が営まれていた。前期・後期、または早期・前期・中期・後期に区分される。貝

です。そうした〈文化〉の縁辺付近では、前後あるいは隣接する〈文化〉との区別がどうしても曖昧になってしまいます。また、こうして区切られた〈文化〉に、その〈文化〉全体に共通し、前後や隣接する〈文化〉にない固有の特徴をみつけ出すことは通常困難です。

時空間に連続する暮らしぶりの変化の、どこに境界を設定するかは、歴史への目の向け方、つまり歴史観に依存します。歴史観が異なれば文化の区切り方も変わるのです。弥生文化のはじまりの議論では、昔から水田稲作の開始が重視されてきました。どうしてかというと、私たちがそれを、日本史を理解するための重要な出来事として評価してきたからなのです。

とすれば、今後歴史の見方が変われば、現在の〈文化〉の枠組みが変わることもあるはずです。そもそも、弥生文化は時間的にも空間的にも変化が大きいので、このままひとつの〈文化〉として歴史を語っていくべきなのかを問い直してみることも必要です。実際に山内清男さんは、弥生式文化を西部文化圏と東部文化圏に区分すべきと考えていました。後述するように、後に「倭国《わこく》」とよばれることになる列島規模の大きな社会の形成は、おもに関東以西で進行しました。現在、そうした複雑な社会の形成へと向かった範囲と、それ以外の範囲とを、別々の〈文化〉としてとらえ直そうとする意見も、実際にみられるようになっています＊。

本書では、ひとまず弥生文化をひとつの〈文化〉として扱うことにします。しかし、その空間的・時間的変化の大きさに鑑み、説明のための時間的枠組みとして、早期・前期・中期・後期・終末期の五時期区分（次ページの年表参照）を使用することにします＊。

塚前期文化、貝塚後期文化とよばれることがあるが、ここでは用いなかった。

＊たとえば、『弥生時代って、どんな時代だったのか？』（藤尾慎一郎編 朝倉書店、二〇一七年）などにそうした主張がみられる。

＊弥生文化の時期区分には複数の案がある。本書で採用した時期区分は、弥生文化を機械的に輪切りにしたもので、必ずしも〈文化〉変化の画期と一致しない。しいて各時期の様相をまとめれば、早期は弥生文化の黎明期、前期は遠賀川式土器が広がり各地で弥生文化が成立する時期、中期は土器型式の地域色が顕在化し各地で地域社会が発達する時期、後期は鉄製利器の定着などによって土器型式・地域社会の再編が進む時期、終末期は列島規模の社会形成への胎動期、と表現できると考えている。

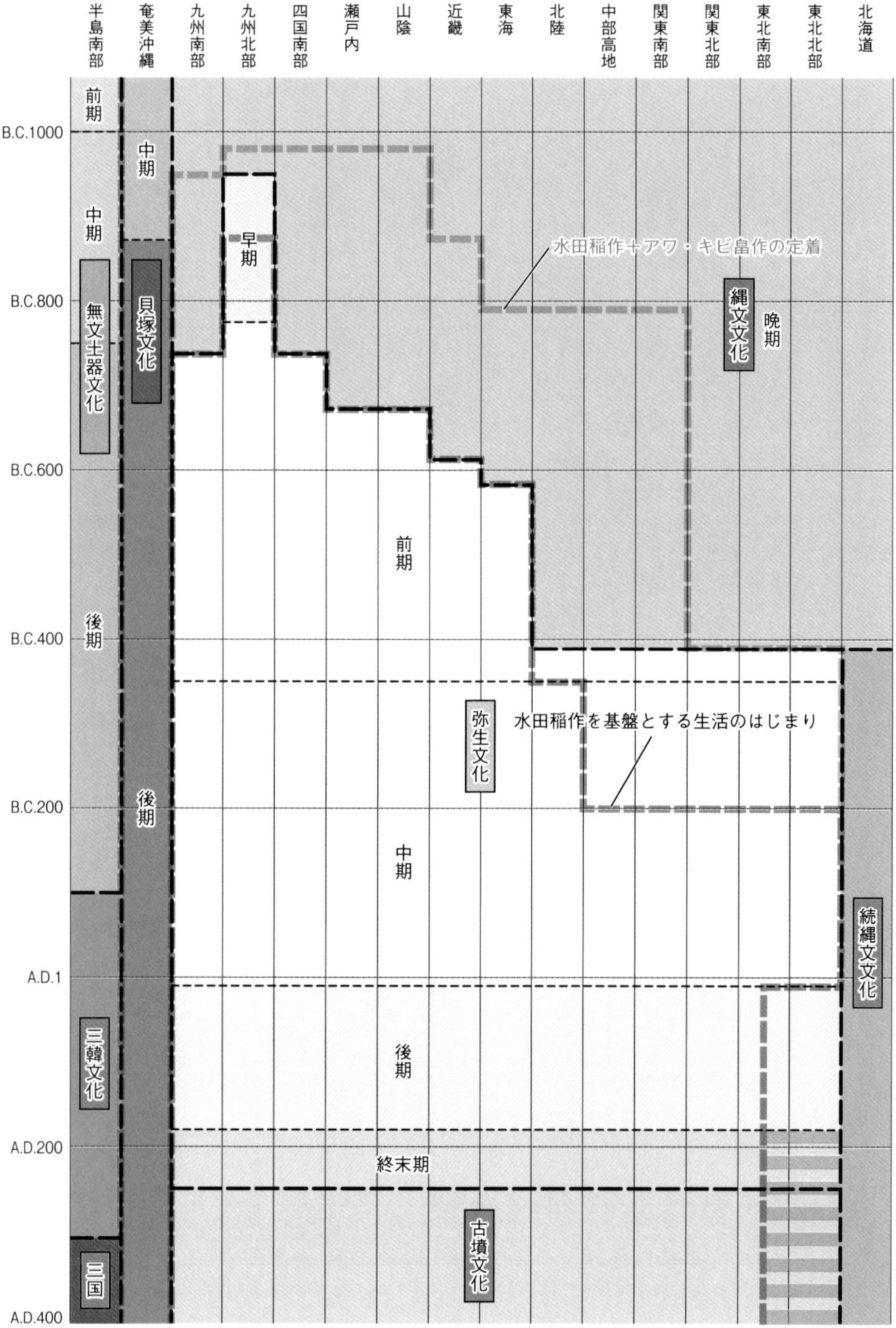

❷弥生文化の年表 弥生文化の時間・空間の範囲については多くの意見があるが、この年表では、それらを私なりに理解したものを模式的に示してみた。あくまで弥生文化の区切り方の一例としてみていただきたい。ここに水田稲作、アワ・キビ畠作技術の定着や、水田稲作を基盤とする生活のはじまりといった画期を重ねてみると、弥生文化の時間・空間の範囲とずれている（矛盾がある）ことがわかる。弥生時代終末期〜古墳時代前期の東北北部をどう理解するのかも大きな課題になるように思われる。

04 弥生文化・弥生時代の枠組み

文化や時代の枠組みは、歴史を語る私たちの眼差し（歴史観）によってつくられる。このページでは、現在の弥生文化の枠組みの一例を示してみたが、いずれにしても、現在私たちが語っている弥生文化は、時間的にも、地域的にも大きな変化を内包した文化であるため、今後の研究によって、その枠組みが大きく変わることも考えられる。

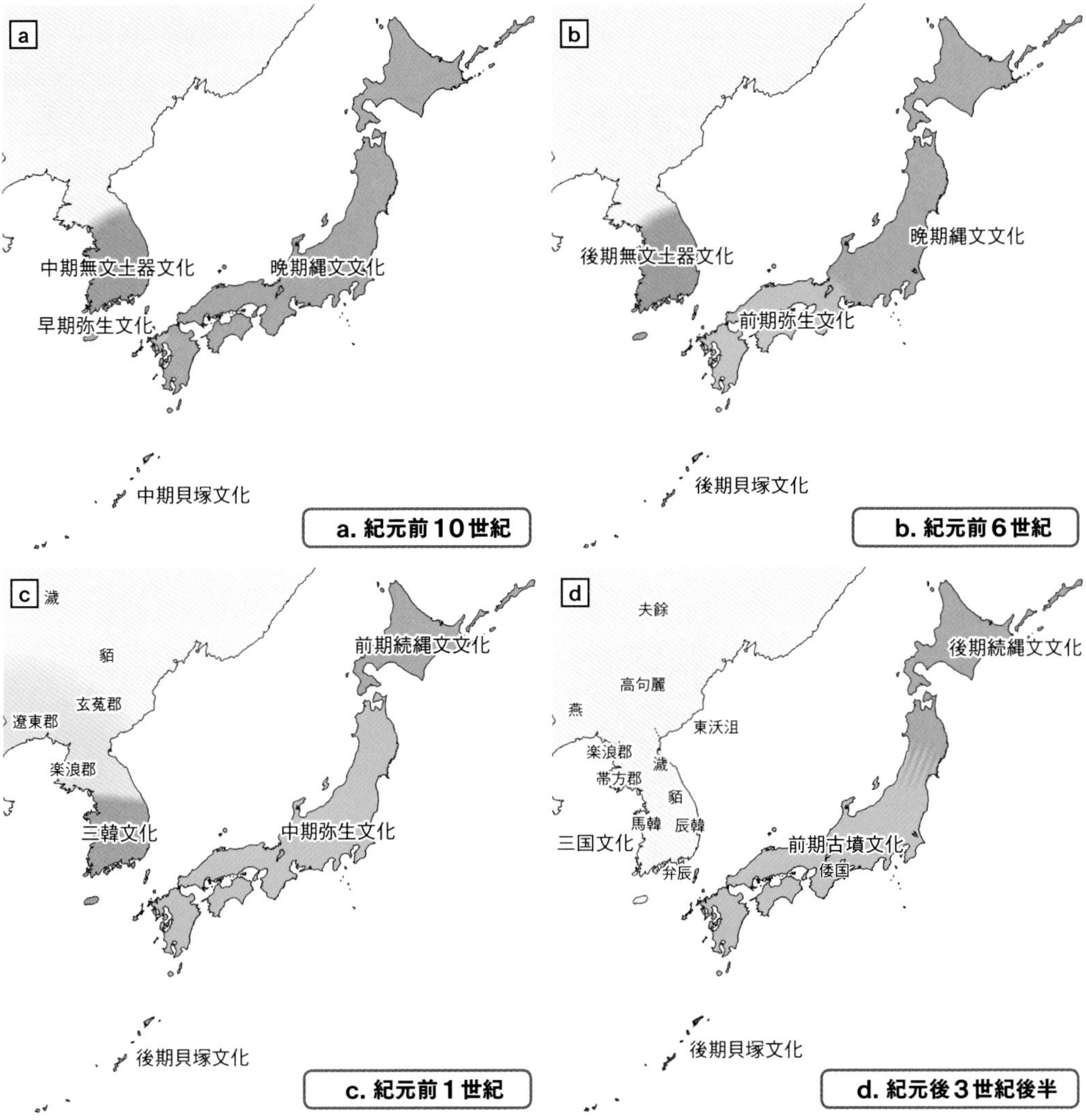

❶弥生文化の成立と展開の模式図

a：弥生文化は、紀元前10世紀ころ、九州北部の晩期縄文文化が朝鮮半島の無文土器文化との接触によって変容することで成立したと考える。

b：その後、この九州北部の初期弥生文化との接触によって、四国島、本州島西部の晩期縄文文化にも同様の変容が生じていったことで弥生文化の範囲は拡大していく。

c：紀元前1世紀に朝鮮半島北部に漢帝国の影響が強く及ぶようになると、朝鮮半島無文土器文化や弥生文化の社会の変化が加速しはじめ、地域社会の政治的なまとまりがつくられていく。

d：紀元後3世紀中ごろ、弥生文化の広い範囲に、前方後円墳という墳墓を舞台とした葬送儀礼を共有することで結びついた政治的なまとまりが形成された時点をもって、古墳文化（古墳時代）に移行すると考える。

05 弥生文化の農耕技術

弥生文化の遺跡からみつかる水田には、ある共通した特徴がみられます。**自然の微傾斜を利用して水の管理（灌漑*）をおこなう点と、一枚一枚の面積が小さい小区画水田だという点***です。これらの特徴は朝鮮半島の無文土器文化の水田にもみられ、大陸に系譜をもつ、ひとつの技術系統として理解できます。**畠***についても、まだ発見例が限られているものの、やはり朝鮮半島を経由した大陸起源の技術系統である可能性が高そうです*。私は、九州北部で弥生文化がはじまったころに、これらの技術が同時に定着したと考えています。

ちなみに私は、農耕そのものは縄文文化にもあったといっていいと思っています。縄文農耕をめぐっては戦前から議論がつづいてきましたが、植物遺体の研究が進展したことで、クリやイヌビエ、マメ類などに、人が関与したことによる形態や遺伝子の変化が認められることが明らかになってきました。もちろん農耕の定義しだいで話は変わるのですが、少なくとも縄文文化の人びとが、長く植物の栽培をおこなってきたことは間違いありません。そしてそうした経験や技術の蓄積が、水田・畠の技術を受け入れる土壌になったのだと考えています。

*私は、こうした特徴をもつ水田を「自然微傾斜利用の灌漑型小区画水田」とよんでいる。

*比較的平坦な土地で営まれ、耕起をおこない、耕作面を水でおおわない耕地を畠としておく。

*朝鮮半島では、畠にいくつかの技術系統が認められる。弥生文化にみられるのは、そのうち比較的平坦な土地に等高線と直交するように畝を形成する非灌漑型の畠と、水田の縁辺で営まれる小規模な畠である。

一方、縄文文化の農耕をめぐっては、古くからコメ・ムギ・アワなどの存在も指摘されてきました。実際に炭化した種子がみつかっていましたし、圧痕の分析によってこれらの存在が確実視されたこともありました。しかし現在、そうした証拠の再検討が進み、すべてに問題があることがわかってきて、確実なものはいずれも弥生文化のはじまり前後からのものと考えられるようになっています。コメは前述の水田稲作技術と、アワ・キビは畠作技術とともに、弥生文化がはじまったころに九州北部一帯に定着したと考えてよさそうです。

ここで東アジアにおける農耕技術の歴史に目を向けると、水田稲作は揚子江中下流域でおよそ一万年前に、アワ・キビの畠作は中国東北部〜華北一帯でおよそ八〇〇〇年前にはじまったと考えられます。畠作は、その後二〇〇〇年ほどで朝鮮半島南部にまで広がり、水田稲作は山東半島を経て三千数百年前に朝鮮半島南部に伝わりました。

当時の農耕技術の展開は自然の条件に大きく左右されていました。*畠作は土壌pHに強く制限され、降水量の少ない弱酸性〜中性のエリアに広がりました。一方、水田はイネの生育が可能となる気温や水量などに左右され、降水量の多い暖かい地域で主要な農耕技術になりました。朝鮮半島はこの二つの技術の南限・北限にあたっていたのです。

一方、雨の多い日本列島は水田には適しますが、畠作には不適です。また山の多い日本列島には、水田に適した微傾斜をもつ低地が点在していました。水田は畠作にくらべて単位面積あたりの生産量が高い耕地です。こうした日本列島の自然環境の特徴と水田の生産性の高さが相まって、弥生文化においては、水田稲作が主要な農耕技術になっていくのです。

＊植物が必要とする栄養素の多くは、土壌pHが中性〜弱酸性の状態でもっとも有効化する。温帯域では、年間降水量一〇〇〇ミリ以下の地域に中性〜弱酸性の土壌が多く、雨が多いと強い酸性を示すようになる。一方、耕地を水でおおう水田の場合、土壌pHに関係なく土壌が中性となり、加えて畠で生じやすい連作障害や地力の消耗もある程度抑えることができる。そのため生産量を抑えれば、無施肥でも連続してコメの生産が可能となる。

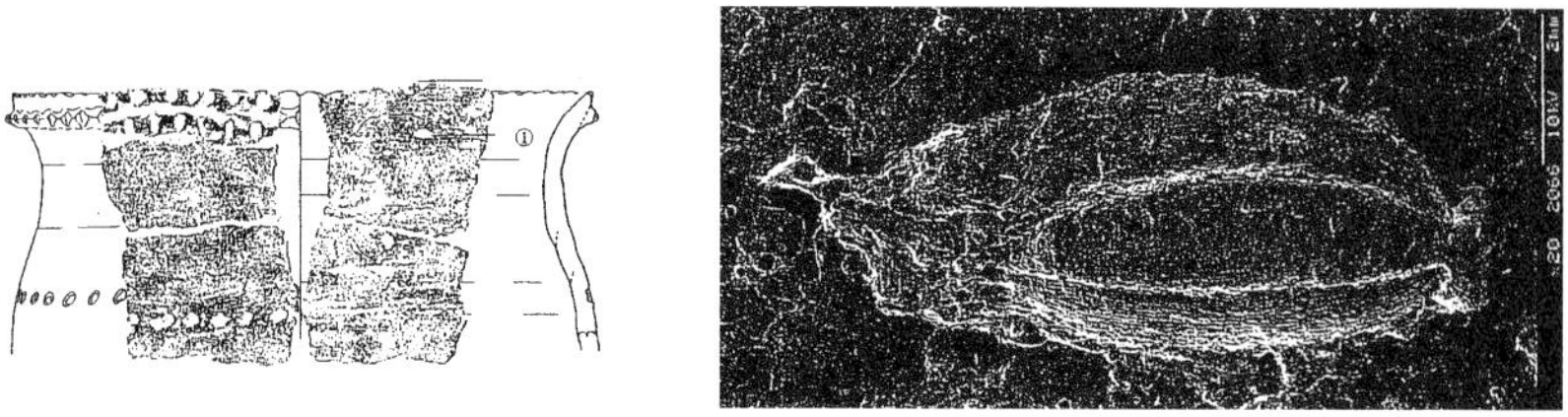

❹列島最古のコメの証拠　刻目突帯文土器の最古型式（九州北部の弥生文化のはじまりの直前ころか）についた圧痕。ただし、コメの存在＝水田稲作の定着ではないことに注意。晩期縄文文化・島根県板屋Ⅲ遺跡

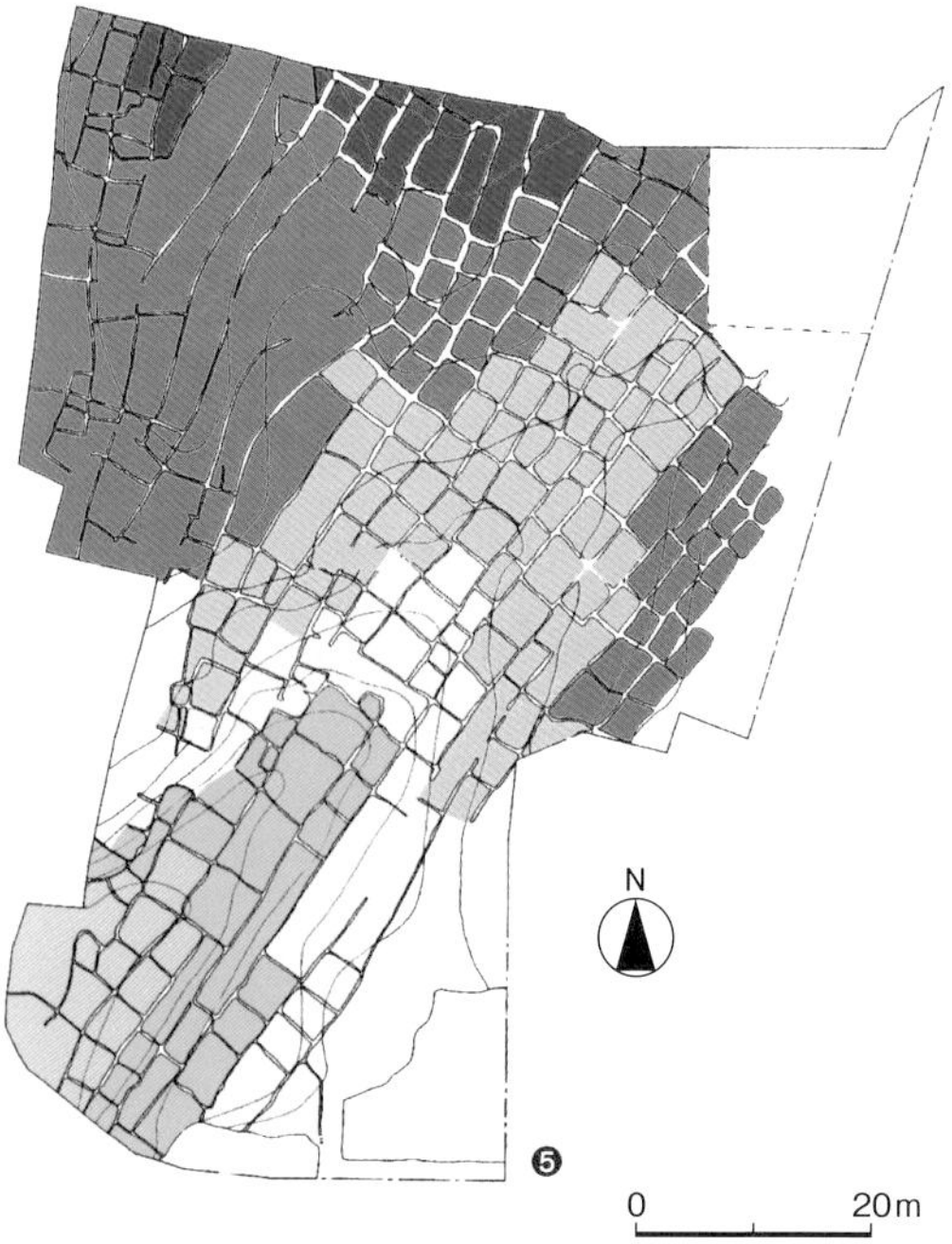

❺高知県田村遺跡の水田跡　前期の水田跡。自然の微傾斜を利用して水田面に配水する。小区画は微傾斜のある土地で、1枚ごとの水田の水深を一定に保つ工夫。水田面の高さを20cmごとに色分けしてみた(赤：高→青：低)。

❻大阪府池島・福万寺遺跡の水田跡　灌漑用水路をともなう広大な水田跡が検出された。後期

❼群馬県有馬遺跡の畠跡　台地上の集落内で営まれた小規模な畠。現在までのところみつかっている弥生時代の畠跡はいずれもごく小規模なものである。ただ、低地の自然堤防などの微高地では、❷のような比較的規模の大きな畠が営まれていた可能性もある。

縄文文化に農耕の技術があったとしても、それは、身近にある植物の管理や栽培にとどまっていたようである。一方、弥生文化のはじまりと関係する農耕技術には、自然微傾斜利用の灌漑型小区画水田と、耕起・畝立てをおこなう畠があり、これらは、紀元前10世紀ころ朝鮮半島からほぼ同時に日本列島に伝えられたと考えられる。その後しばらくして、弥生文化の広い範囲が水田稲作中心の生活へと移行していく。

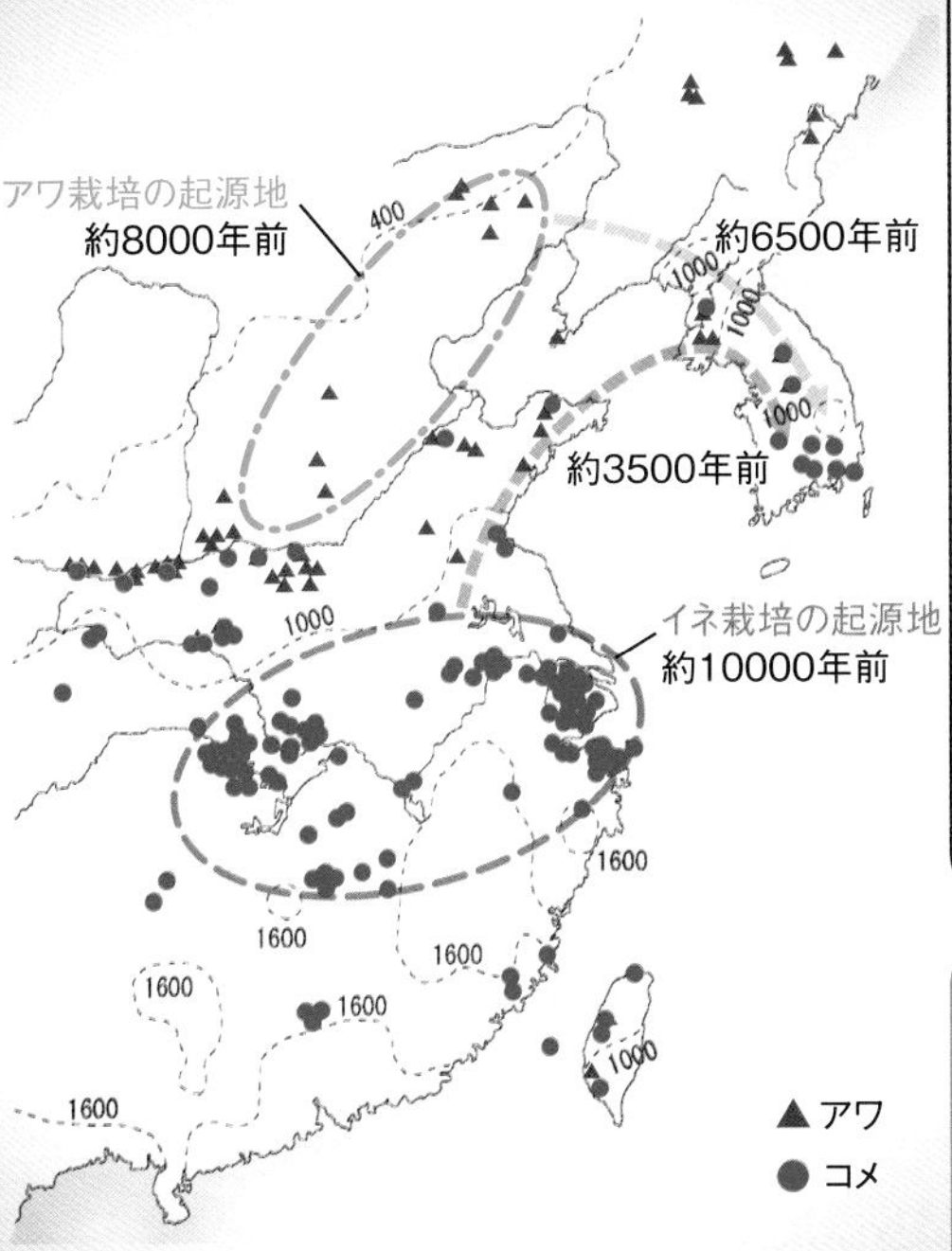

❶ **東アジアにおける農耕技術の展開過程** アワ・キビ畠作は年間降水量1000mm以下の弱酸性～中性の土壌地域に、水田稲作は温暖でイネの栽培に必要な水を確保できる地域に広がった。約3500年前以降の朝鮮半島では両者が組み合わさっていた。

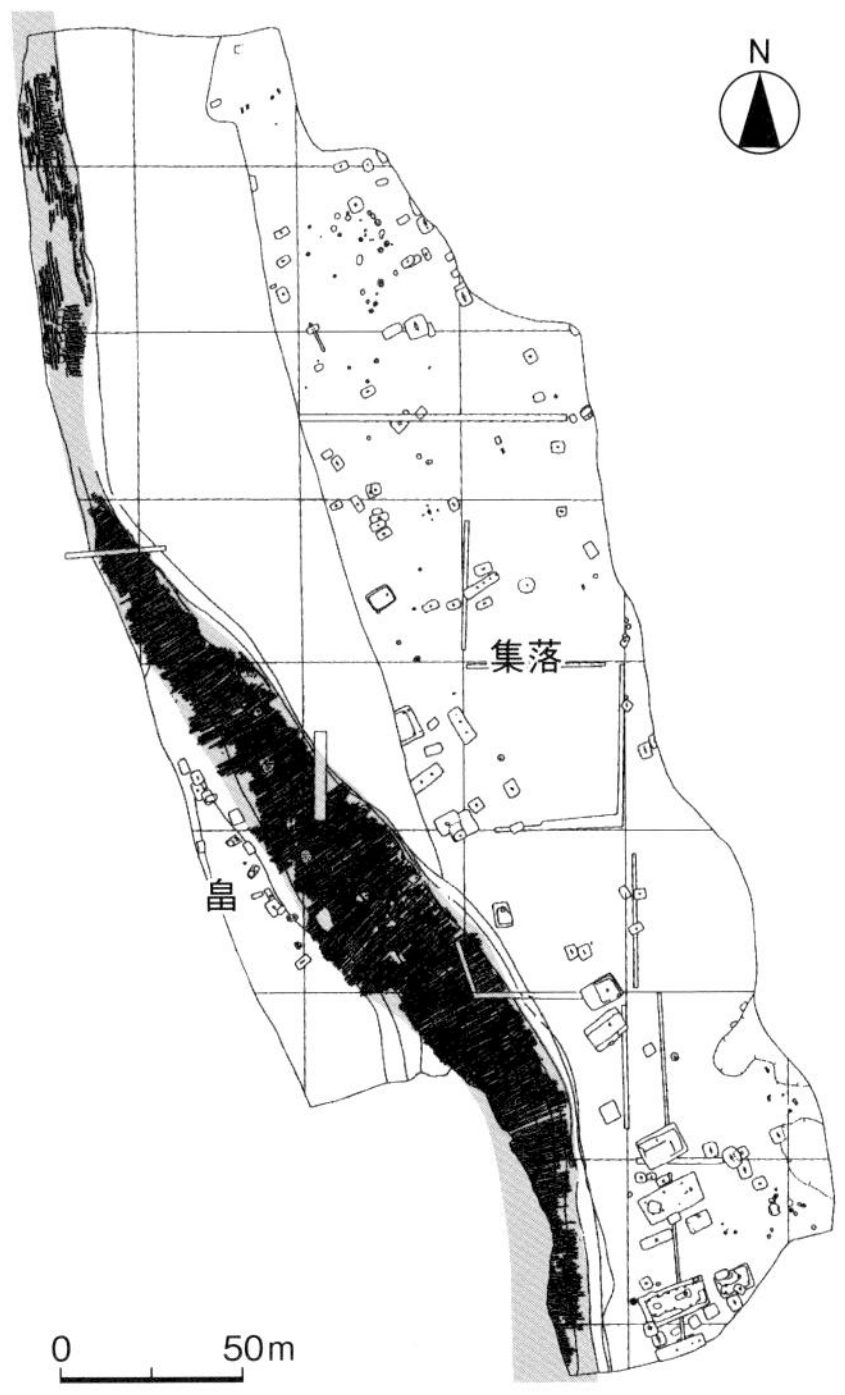

❷ **朝鮮半島無文土器文化の畠跡** 河川の自然堤防上に集落が、低地におりる緩やかな斜面に畠が形成される。畝が等高線に直行するのが特徴。無文土器文化前期・慶尚南道大坪里遺跡

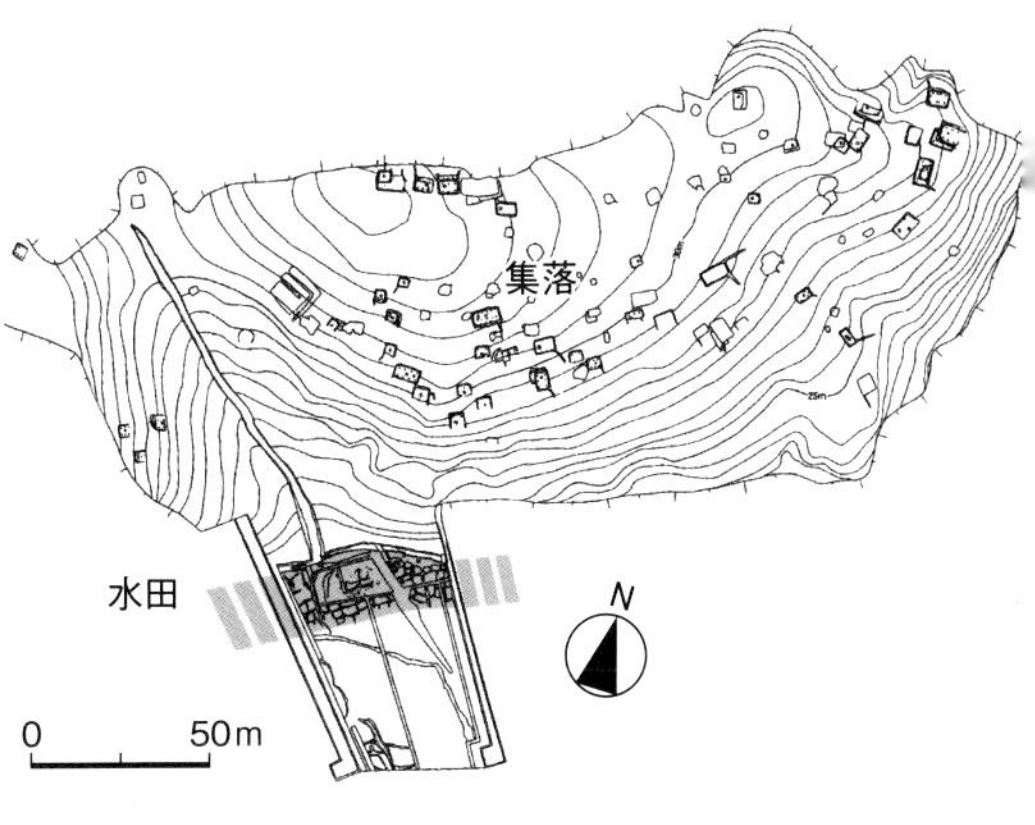

❸ **朝鮮半島無文土器文化の水田跡** 丘陵上に集落が、丘陵下の微傾斜地に水路をもつ小区画の水田が形成される。無文土器文化中期・慶尚南道玉峴遺跡

06 弥生文化の食糧事情

弥生文化の主要な農耕技術は水田稲作でした。ただ当然のことながら、人びとはコメだけで生きていたわけではありません。弥生文化は時間的にも空間的にも変化の大きい〈文化〉なので、生活を支える食糧生産のあり方は、時期や地域によって大きく異なっていました。関東以西の多くの地域では、弥生文化のはじまりからしばらくすると、人口が顕著に増加していきます。そして、それとともに水田稲作中心の生活が営まれるようになっていきました。自然の資源の量には限りがあり不安定でもあるため、人口の増加とともに、生産性が高く、日本列島の環境に適していた水田への依存度が高くなっていったのです。

一方、各地で弥生文化がはじまったころや、水田可耕地が少ない地域では、コメへの依存の割合が相対的に低かったと考えられます。また、水田稲作が中心となった地域でも、各種栄養素の摂取源としてコメ以外の食糧が必要だったことはいうまでもありません。そのため地域や時期ごとに違いをみせつつも、畠でのアワ・キビ・マメの生産、**イノシシ類の飼養**＊、狩猟・漁撈・採集といった、さまざまな食糧生産活動が組み合わさっていたと考えられます。

弥生時代の食糧事情をめぐっては、まだまだわからないことがたくさんあります。弥生文

＊関東以西の弥生文化の集落では、イノシシ類が飼われていた。技術の詳細はまだよくわからないが、大陸のブタの飼養技術との関係が注目される。

化がはじまったころを含む、人口密度が低かった時期や地域では、周囲の自然条件に応じた自給自足的な食糧生産をおこなうことが多かったのかもしれません。一方で、顕著な人口増加がみられる地域やそうした地域の周辺では、個々の集落や地域が周囲の環境に合わせて水田稲作以外の特定の生業に力を入れ、生産物を交換するような分業的関係が早くから発達していた可能性もあります*。後期や終末期になると、明らかに水田稲作に不向きな海浜部や山中の交通ルートに、集落が急に増加するような地域もみられ（08章❽参照）、集落間や地域間の食糧の動きが、より活発にかつ複雑になっていたことが考えられます。

ただ、全体を俯瞰してみれば、人口増加を支えた食糧の増産は、水田稲作を中心になされていたはずです。そのため弥生文化では、縄文文化にくらべ、食糧の基本構成が均質化していったと考えられます。日本列島において畠作中心の集落が数多く形成され、畠作物が人口を支える食糧として大きな役割を担うようになるのは、牛馬飼養と組み合わさった新たな畠作技術が大陸からもたらされた、古墳時代中期以降のことでした。

ちなみに、集落と水田のほぼ全体がとらえられた静岡県登呂遺跡では、住居跡数と水田跡の面積からコメの消費量の試算が可能です。登呂遺跡では、単位面積当たりの生産量を低く見積もっても、年間の熱量の半分程度をコメでまかなっていた計算になるとの研究*がありま す。関東以西では、より人口密度が高かったと考えられる時期や地域も少なくなく、そうした地域では、さらに水田稲作への依存度が高まっていたとしても不思議ではないのです。

*たとえば九州西北部の五島灘一帯や神奈川県三浦半島では、漁撈活動に特化していたと考えられる遺跡が存在する。

*乙益重隆の研究による（「弥生農業の生産力と労働力」『考古学研究』第二五巻第二号、一九七八年）。

No.	遺跡名	遺構	コメの出土量	時期	備考
1	下稗田(福岡)	A12号貯蔵穴	1500 ～2000ℓ	前期	
2	唐古・鍵(奈良)	101号竪穴	1斗以上	前期	
3	鷹取五反田(福岡)	4・5号貯蔵穴	4号:4.1kg、5号:5.7kg	中期	
4	津古牟田(福岡)	2・7・8号貯蔵穴	約26ℓ、約12ℓ、約64ℓ	中期	
5	中原(福岡)	40号土坑	コンテナ5箱分	中～後期	
6	柚比梅坂(佐賀)	方形ピット	厚さ30cm以上の層	後期	
7	貝元(福岡)	181号土坑	相当量(2.5×1mの範囲)	後期	
8	浄福寺1号(広島)	SS8・9貯蔵穴	多量	後期	
9	佐紀(奈良)	1431号土坑	1斗に及ぶ	後期	
10	橋原(長野)	59号住居跡	35万粒(約50ℓ)	後期	
12	領家(岡山)	31号住床	300ℓ以上	終末期	
13	榎田(長野)	SK16700	63kg(100ℓ以上)	終末期	
11	真田北金目(神奈川)	155号住居跡	5341.2g(10ℓ以上)	終末期	

❺コメの多量出土例 炭化したコメ(籾)の多量出土例は全国的にみられる。100ℓを超える例も少なくない。

No.	遺跡名	遺構	穀類の種類、量	時期	備考
1	雀居(福岡)	12次019号土坑	マメ:112g	前期	コメ:276g
2	門田・辻田(福岡)	土坑9基合計	マメ:867、コムギ2	前期	コメ:495
3	立岩(福岡)	袋状ピット	アワ:20	前期	コメ
4	稲里(滋賀)	2号土坑	アワ:45、キビ:3	前期	コメ:300以上
5	中屋敷(神奈川)	9号土坑	アワ:1871(5cc前後)、キビ:26、マメ:1	前期	コメ:393
6	一色青海(愛知)	10・15号土坑	マメ:各15	中期	コメ:2149、3204
7	橋原(長野)	住居址8軒合計	雑穀:二千数百、マメ:約180	後期	コメ:約50ℓ
8	田子山(埼玉)	21号住居跡	アワ:194993(500 ～ 600ccか)、マメ:339	後期	コメ:81481(約2ℓ)
9	中郷谷(千葉)	035住居跡	キビ:22.5g(100cc前後か)	後期	
10	笹井原(福岡)	94号住居跡	ササゲ:576(100 ～ 150cc程度)	後～終末期	コメ:226
11	二本木(大分)	3号住居跡	マメ類:多量	終末期	
12	梅坪(愛知)	SB615住居跡	マメ科:12、半割約100	終末期	
13	慶應SFC(神奈川)	27号住居跡	アワかヒエ:22	終末期	コメ:約200
14	代継・富士見台(東京)	18号住居跡	アワ:62	終末期	

❻雑穀の出土例 雑穀の圧痕は多数確認されているが、雑穀がコメのように多量に出土した例は今のところ皆無である。生産量・消費量ともにコメとは格差があったと考えざるをえない。

飼養・狩猟

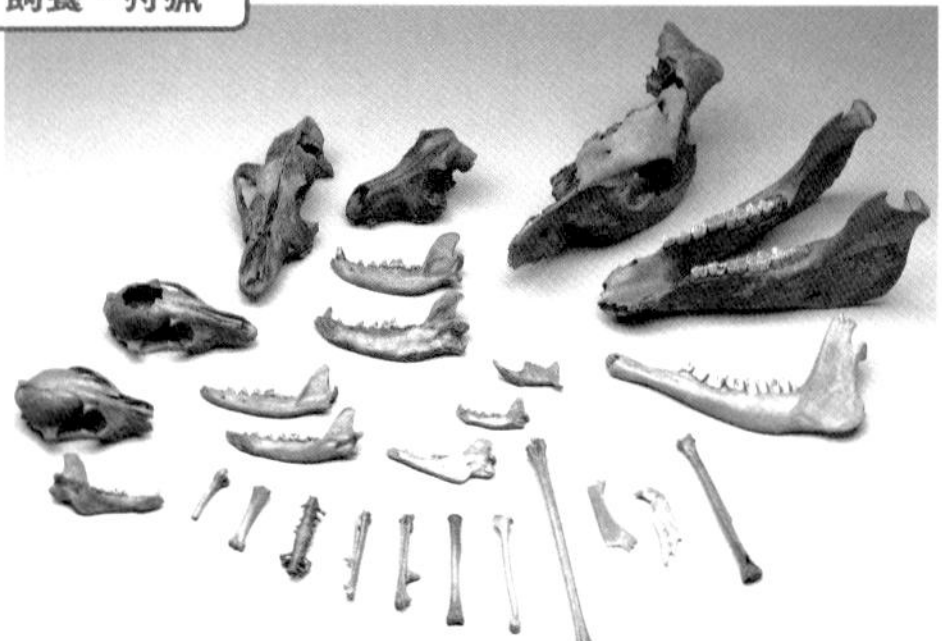

❼集落から出土した動物の骨 集落遺跡からはイノシシやシカなどの獣骨も少なからず出土する。関東以西ではイノシシ類(ブタ)が飼われており、イヌを食べていた証拠もある。中～後期・奈良県唐古・鍵遺跡

❽集落から出土した海獣類の骨 弥生文化の人びとは、身近な水田や水路から、河川や湖沼、沿岸、外洋まで、さまざまな場所で、さまざまな魚類、海獣類を対象とした漁撈活動をおこなっていた。分業が進んだ時期・地域では専業的な集団も存在していたようである。上左:クジラ 上右:イルカ 下:アシカ。中期～後期・長崎県原の辻遺跡

漁撈

❾弥生文化の貝塚 弥生文化には縄文文化のような大規模な貝塚は存在しない。愛知県朝日遺跡の貝塚は弥生文化のものとしては大規模なものである。中期

弥生文化の食糧

弥生文化の食糧をめぐっては、時期差、地域差を含め、さまざまな意見がある。弥生文化に限らず、何をどれくらい食べていたのかを具体的に明らかにすることはむずかしいからである。まずは確実性の高い資料にもとづき、日本列島の気候、地形、土壌、人びとが利用した動物・植物の生態、集落・集落群のあり方や人口の変化、そしてさまざまな道具類についての研究成果などを広く見渡しながら、生業の実態に迫っていくことが必要である。

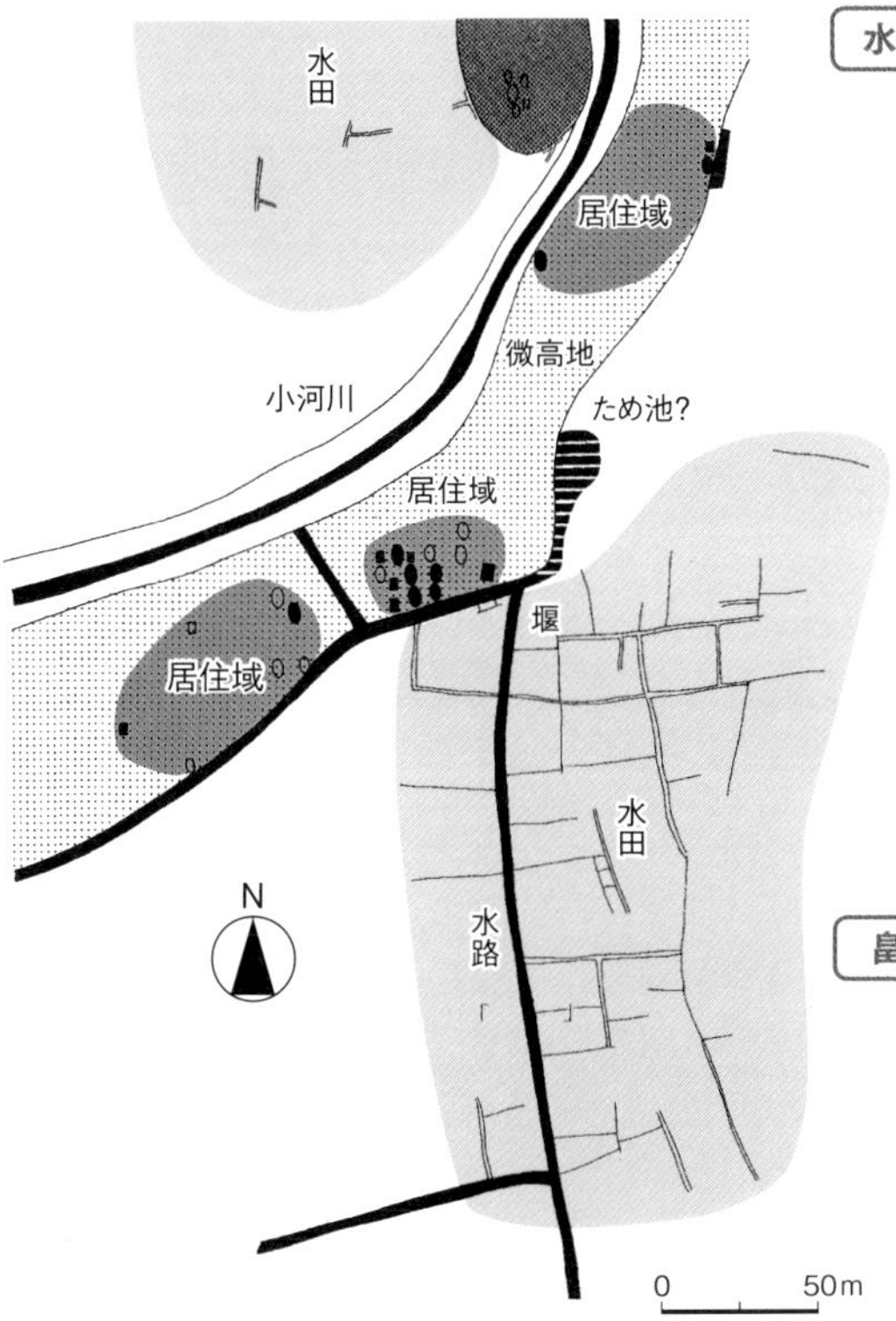

❶静岡県登呂遺跡一帯の居住域と水田 登呂遺跡では後期の居住域と水田の全体像がとらえられた。住居跡の数から推定できる人口と、水田の面積から推定できるコメの生産量との関係から、コメの消費量を計算できる。

水田稲作

❷炭化した籾・稲穂 集落遺跡からは、よく炭化した籾が出土する。多量の籾がまとまってみつかることもある。稲穂は収穫されたときの状態をとどめたもの。近年、北條芳隆によって、こうした束が貨幣のような機能をもっていたのではないかという考えが示されている。前～後期・奈良県唐古・鍵遺跡

畠作

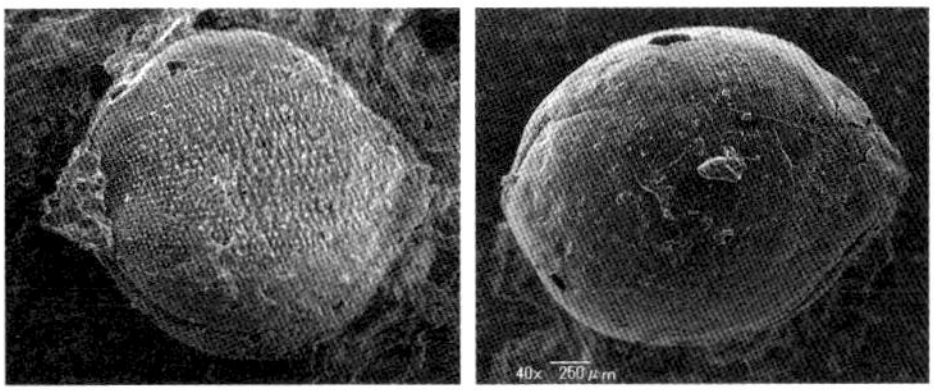

❸土器の器面に残るアワとキビの圧痕 東北地方を除く各地の縄文文化末期～弥生文化成立期の遺跡からは、アワ・キビの種子や圧痕がよくみつかる。縄文文化的な生活においては、初期的な労働投下量が少ないことに加え、移動によって連作障害も回避できるため、畠作のほうが生活に組み込みやすかったのだろう。やがて農耕への依存度が高まり、人口も増加し、さらに集落が長期間継続するようになると、畠作に不利で水田に適した日本列島の自然条件が影響し、各地で急速に水田稲作が生業の中心になっていった。前期・神奈川県中屋敷遺跡

採集

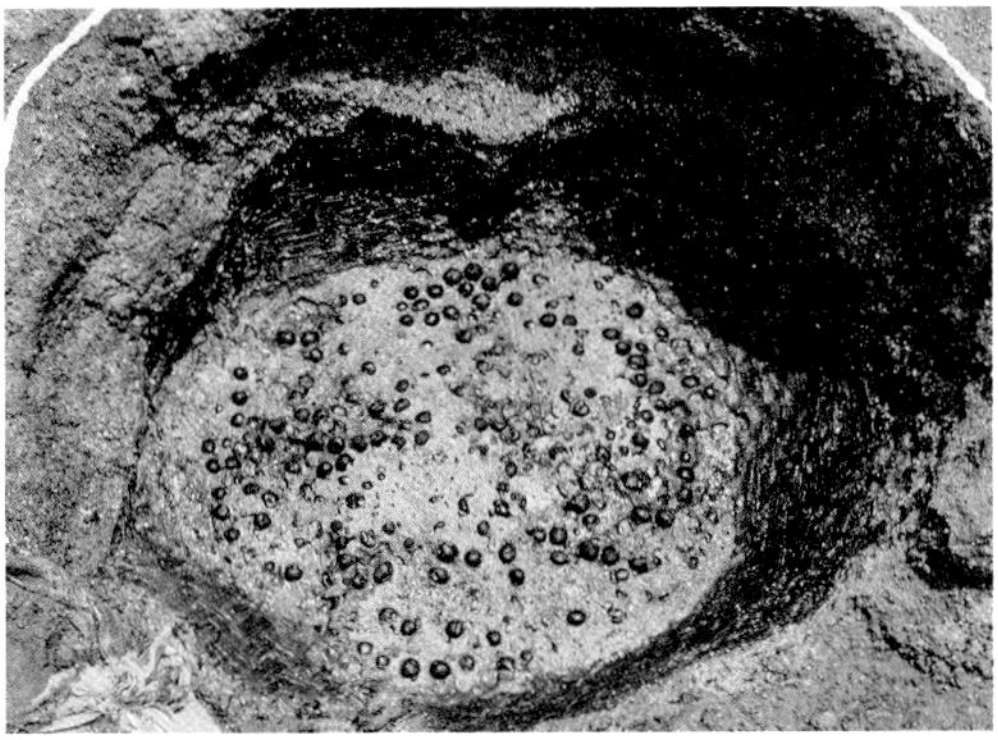

❹ドングリ用貯蔵穴 西日本では、早～前期を中心にドングリ用の貯蔵穴がみつかることがある。縄文文化の遺跡にもみられるもので、食糧としての貯蔵、あるいは水田や畠の突発的な減収に備えるためのものだったのかもしれない。前期・大阪府高宮八丁遺跡

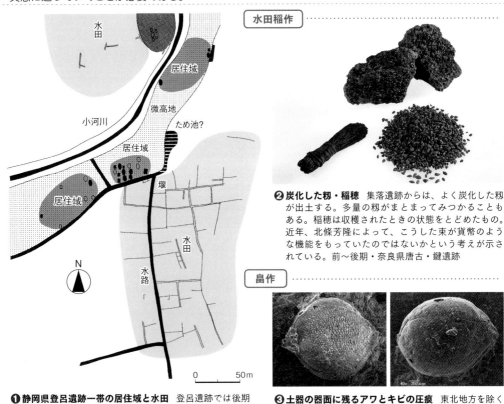

07

日常生活の道具

各地の縄文土器と弥生土器の境界をめぐる意見はさまざまです。ただ、ごく大まかにみれば、弥生土器には、煮沸調理用の**甕形《かめがた》土器の小型化**と、貯蔵用の**壺形土器に飾られるものが発達**するという特徴があるといってもよさそうです。

縄文土器の**煮沸調理用土器**＊（深鉢形土器）にはさまざまな容量のものがあり、一〇リットルを超える大型品が目立つのが特徴です。多様な自然資源を利用していた縄文文化では、木の実のあく抜きをはじめとする前処理を集中的におこなう必要があり、それで大型煮沸具が発達したわけです。これに対し弥生土器の多くは、甕形土器の大半が五リットル未満になっています。前処理がそれほど重要ではなくなり、煮沸具が一回一回の炊事の道具になったためと考えられます。この点も、コメが食糧の中心になっていったことの間接的な証拠です。

甕形土器は装飾のない実用的な土器になる傾向がみられるのですが、一方で貯蔵用の壺形土器では、ていねいにつくられた飾られる土器が発達するようになります。そこには、農耕が生活の中心になり、コメの貯蔵や翌年用の種籾の保管が特別な意味をもつようになったことなどが関わっていたと考えられます。弥生文化のはじまりに深く関与した朝鮮半島無文土

＊**煮沸調理用土器**　縄文土器では深鉢形土器、弥生土器では甕形土器という名称が用いられている。古墳時代の須恵器を含む、以後の陶器においては、甕は貯蔵用容器を意味するようになる。

器文化では、赤く塗られていねいに磨かれた壺形土器が発達していました。一方、晩期縄文文化の**亀ヶ岡式土器***ではさまざまな器種に装飾が施されており、壺形土器にも装飾豊かなものがありました。弥生土器では、無文土器系・縄文土器系双方の壺形土器装飾の要素が混じり合い、地域や時期ごとに特徴的な壺形土器が生み出されていきました。

　土器以外に目を転じると、弥生文化では、後期に鉄器が普及するまで、刃をもつ石器（石製利器）が盛んに製作・使用されていました。これらにも縄文文化、無文土器文化双方の技術系統がみられ、打製石器や一部の磨製石器が縄文文化系、大陸系磨製石器とよばれる太形《ふとがた》蛤刃石斧《はまぐりばせきふ》、扁平片刃石斧《へんぺいかたばせきふ》などの磨製石斧類と石包丁などが無文土器文化系になります。

　弥生文化になっても、狩猟・漁撈・採集活動はおこなわれていましたし、そこでは縄文文化で育まれたさまざまな生活技術が受け継がれていたはずです。動物の骨や角を用いた漁撈具や狩猟具、各種木製品、その他の植物素材の容器や道具にも、縄文文化系の技術がみられます。

　弥生文化では、水田や堰・水路の構築、住居や各種施設の建築資材として、そしてこれらの築造や農作業等に使用する農工具の材料として、さらに大陸系の技術である機織具などにも、多量の木材が使われていました。各地で水田稲作中心の生活が営まれはじめたころから、木材の伐採・加工用である、大陸系あるいはその影響を受けた磨製石斧類が定着するのは、こうした木材利用の活発化と関係していたようです。また、これらの道具の使用とともに木材加工技術も発達し、精巧な彫刻手法を用いた容器などもつくられるようになりました。

＊**亀ヶ岡式土器**　晩期縄文文化の指標となる東北〜北海道南部の土器型式。精製・粗製の区別が明瞭で、豊かな装飾をもつ精製土器は非常に高い技術で製作されていた。

❹**打製石器と石器製作用の石製・角製ハンマー、石器製作時の石屑** 打製石器の技術は、縄文文化の系統である。打製石器の技術を駆使して、短剣や対人用鏃などの弥生文化に特徴的な石器も製作された。前〜中期・奈良県唐古・鍵遺跡

❺**打製石鍬** 畠作用とされることが多いが、水田跡からの出土例も目立ち、水田、畠、その他の活動にも用いられていた土掘り具と考えるべきだろう。後期・長野県山岸遺跡

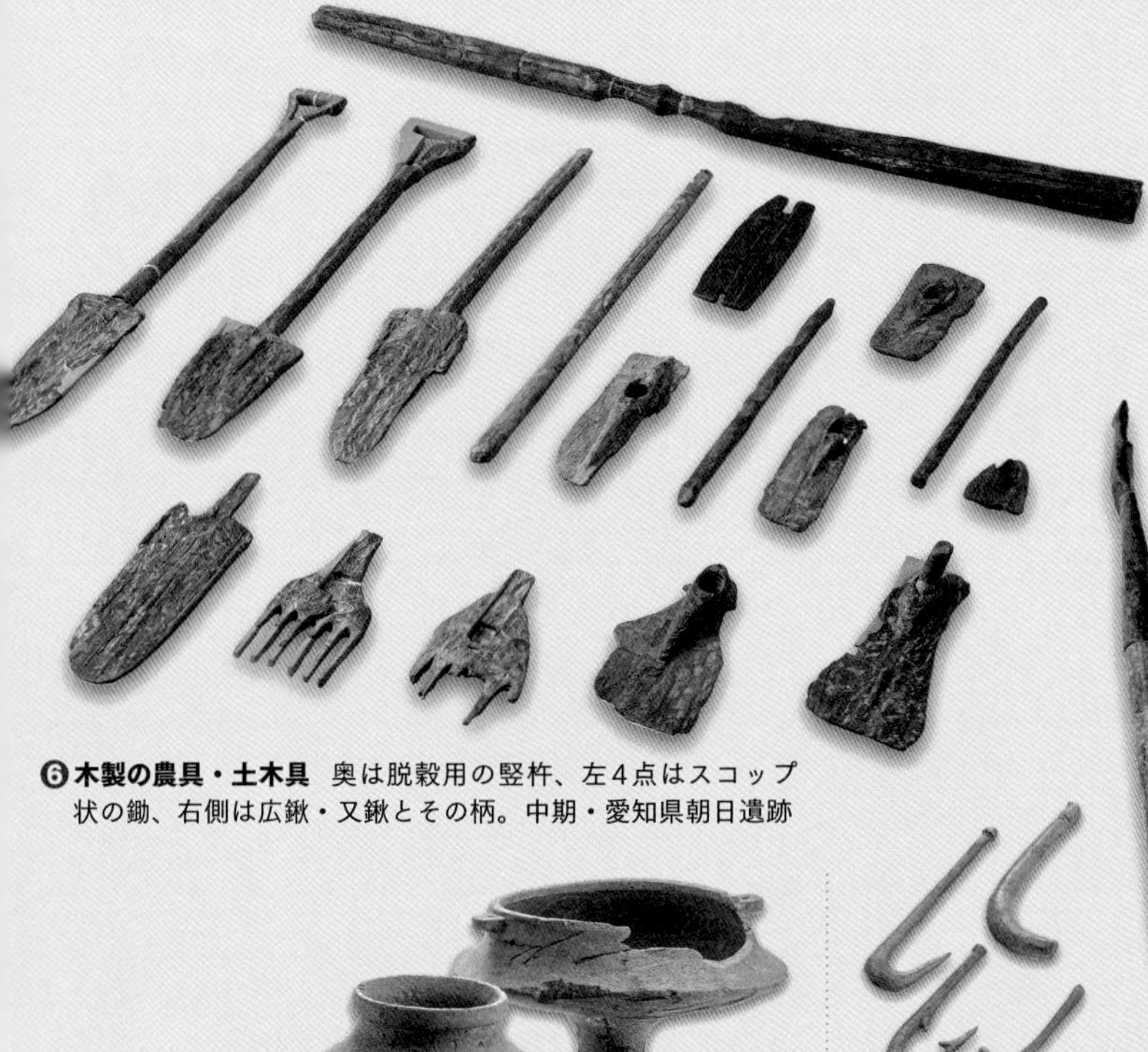

❻**木製の農具・土木具** 奥は脱穀用の竪杵、左4点はスコップ状の鋤、右側は広鍬・又鍬とその柄。中期・愛知県朝日遺跡

❼**彫刻手法を駆使した木器** 精巧な加工が施されている。中〜後期・鳥取県青谷上寺地遺跡

❽**多様な漁撈具** 海に近い遺跡からは、モリ、ヤス、釣針などの漁撈具の出土も目立つ。左側は釣針、右側は下1点のみモリ、ほかはヤス。中〜後期・鳥取県青谷上寺地遺跡

07 日常生活の道具

弥生文化の日常生活の道具にも、縄文文化と朝鮮半島無文土器文化に淵源をもつ技術系統がみられる。各地の道具のあり方は、それぞれの技術を受け継ぎながら、農耕の定着、人口の増加と社会の複雑化、各地の自然環境、地域間の関係などの諸要因の絡み合いのなかで形成されていったものである。ひとつひとつの道具を、さまざまな人とモノ、時間と場所の絡み合いとしてとらえていくことで、弥生文化の理解を深めていくことができる。

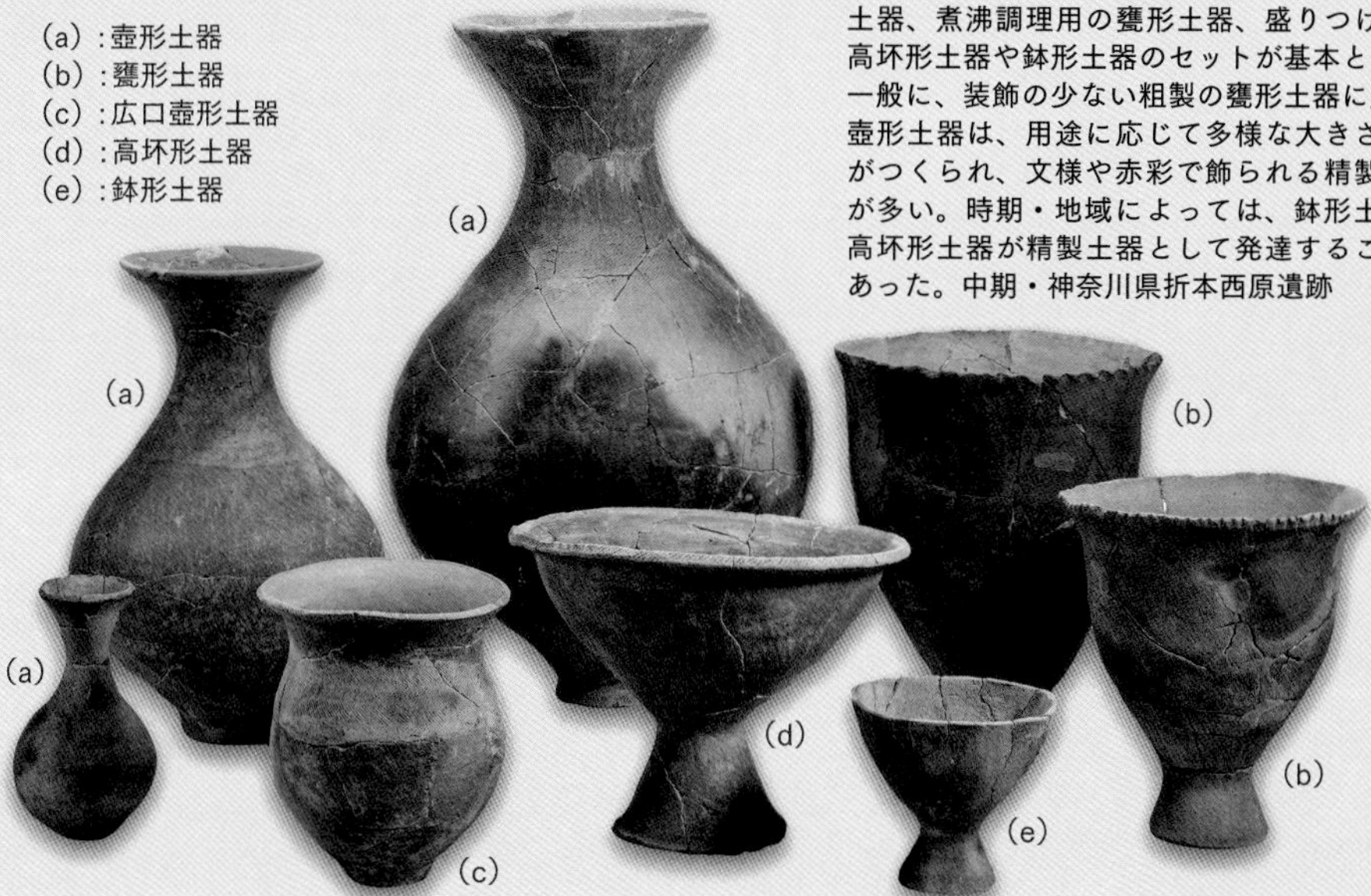

❶弥生土器のセット 弥生土器は、貯蔵用の壺形土器、煮沸調理用の甕形土器、盛りつけ用の高坏形土器や鉢形土器のセットが基本となる。一般に、装飾の少ない粗製の甕形土器に対し、壺形土器は、用途に応じて多様な大きさや形がつくられ、文様や赤彩で飾られる精製土器が多い。時期・地域によっては、鉢形土器や高坏形土器が精製土器として発達することもあった。中期・神奈川県折本西原遺跡

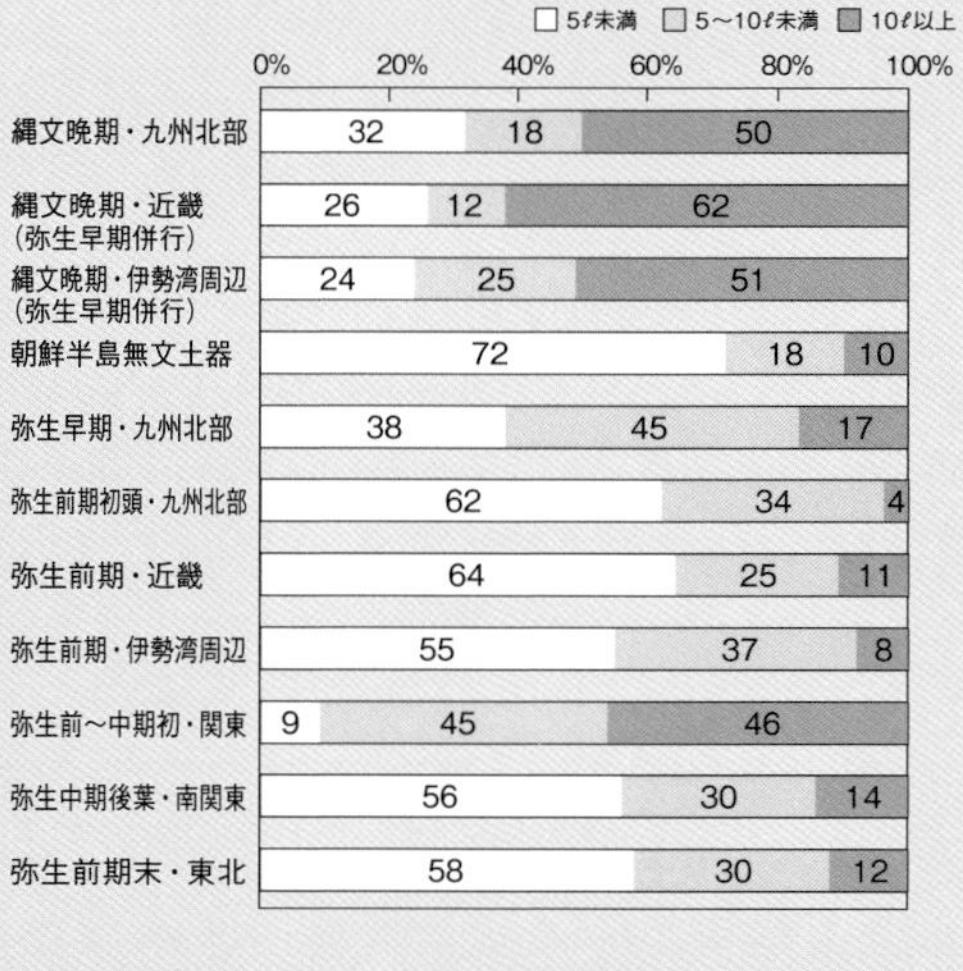

太形蛤刃石斧

扁平片刃石斧　柱状片刃石斧

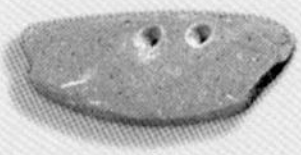

石包丁

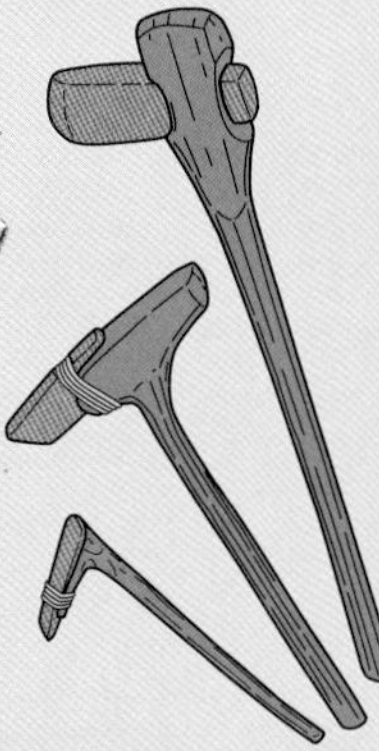

❷煮沸調理用土器の容量の変化 縄文土器の煮沸調理用土器は、10ℓ以上の容量をもつものが中心となることが多い。一方で、朝鮮半島無文土器と弥生土器は、5ℓ未満の小型のものが主体となる。水田稲作が生活の基盤になっていなかった関東の初期の弥生文化は（04章図❷の年表を参照）、10ℓ以上の土器が多くなっている。

❸大陸系磨製石器 イネ科穀類の収穫用の石包丁と、伐採用の太形蛤刃石斧、木材加工用の扁平片刃石斧、柱状片刃石斧（抉入〈えぐりいり〉柱状片刃石斧、ノミ形石斧を含む）は、中国〜朝鮮半島の系統を引く石器である。これらを総称して大陸系磨製石器とよぶ。早期・福岡県雀居遺跡（上右図は上から太形蛤刃石斧、抉入柱状片刃石斧、扁平片刃石斧の着柄復元図）

08 弥生文化の集落

弥生文化の集落の特徴を一言でまとめることはできません。形や要素に縄文文化と無文土器文化の系統がみられることに加え、数十万平方メートルに達する超大型集落から、住居一、二軒の小規模なものまで大きさもさまざまで、さらに時期を追うごとに集落内外の分業関係が進んでいくこともあり、時期ごと地域ごとに実に多様な集落が形成されていったからです。

弥生文化のはじまりころの九州北部では、無文土器文化系の竪穴住居、**掘立柱建物**＊、**集落を囲む溝（環濠）**＊からなる集落が確認されています。こうした無文土器文化の要素は、その後、形を変えながら東海西部まで定着し、縄文系の要素と混じりながら多様な集落を形成していきました。東日本では、晩期縄文文化と大きく変わらない集落がつづく地域がある一方で、関東・中部・北陸の集落は徐々に東海西部以西と類似した様相をみせるようになっていきます。

農耕が生活の中心になると、集落の形態や規模、立地や分布のあり方にも大きな変化があらわれます。弥生文化では、水田稲作中心の生活へと移行していった地域において、集落数の増加とともに大規模な集落が形成されていきました。ただ、集落の規模や数は、同一地域

＊**掘立柱建物**　地面あるいは整地面に直接穴を掘って柱を立てた建物の総称。地表に床をつくる平地式建物、地表より高い位置に床をつくる高床式建物がある。柱の配置や規模は多様で、住居や倉庫、儀礼・祭祀用建物など、さまざまな建物が含まれる。

＊**環濠**　集落や貯蔵施設を囲むように掘削された溝。一部が途切れたり、部分的に掘削されることもある。同様の溝は世界各地の先史

であっても時期によって大きく変動するのが普通で、けっして安定的とはいい難い状況です。また、東北のように人口の急増や大規模集落の形成が、長くみられない地域もありました。

立地の面では、周囲に水田可耕地のある場所に、集落が集中する傾向がみられるようになります。もちろん水田可耕地がほとんどない、狩猟や漁撈のためと思われる集落（洞窟遺跡など）もありましたし、食糧を含むモノの流通量が増加するなか、交通の要衝につくられたと考えられるような集落も出現します。それでも、自然資源を利用していた縄文時代や、分業が発達して水田不適地の集落が増加する古墳時代とくらべると、水田との関係は明瞭です。

集落内に存在する遺構は、竪穴住居などの居住施設が圧倒的に多く、**貯蔵穴***や**高床式倉庫***などの貯蔵施設も比較的よく発見されます。また、貯蔵施設がまとまる区画や、石器製作の場、さらに広場や墓が居住域内に存在することもあります。東海西部以西の大規模集落では、大型の掘立柱建物など、特別な建物が集中する箇所や、青銅製品、ガラス製品、鉄製品などの製作場所（工房）が発見されることもあります。社会が複雑化し分業が進むなかで、集落が複数の機能空間に分割されていったことがわかります。

人口が増加していた時期・地域では、集落を囲む環濠の発達も特徴的です。また、西日本を中心に、**高地性集落**とよばれる、見晴らしのいい丘陵や山地の頂部に形成された集落も数多く発見されています。環濠の発達と高地性集落の形成は、個々の集落や集落のまとまり同士の間に軋轢《あつれき》が生じていたことを物語っています。ただ、環濠や高地性集落のあり方は、地域・時期ごとにまちまちで、それぞれの機能がみな同じだったわけではなさそうです。

文化にみられるが、弥生文化の環濠は朝鮮半島無文土器文化を経由して定着した。幅一メートル未満のものから二〇メートル近くに達するものまであり、台地や丘陵では空壕、低地では水濠になることが多かったようである。

＊**貯蔵穴**　食糧等を貯蔵するための穴。縄文文化系と大陸系の二つの系統があるが、両者の厳密な区別はむずかしい。九州北部一帯の前期〜中期前葉の遺跡からは貯蔵穴が多数検出される。

＊**高床式倉庫**　地表面より高い位置に床をつくる、東アジアに広くみられる倉庫の形態。弥生文化の遺跡から実際に発見されるのは、上屋構造のわからない柱の列（掘立柱建物跡）であるが、〈絵画〉や実際の建材、遺構の配置などからみて、その少なからぬ数が高床式倉庫であったと考えられる。

❹**典型的な環濠集落**　約2万㎡の集落を幅約4ｍ、深さ約2ｍの環濠が全周する。中期・神奈川県大塚・歳勝土遺跡

❺**貯蔵穴群を囲む環濠**　前期を中心に九州北部〜中国・四国でみられる。前期・福岡県光岡長尾遺跡

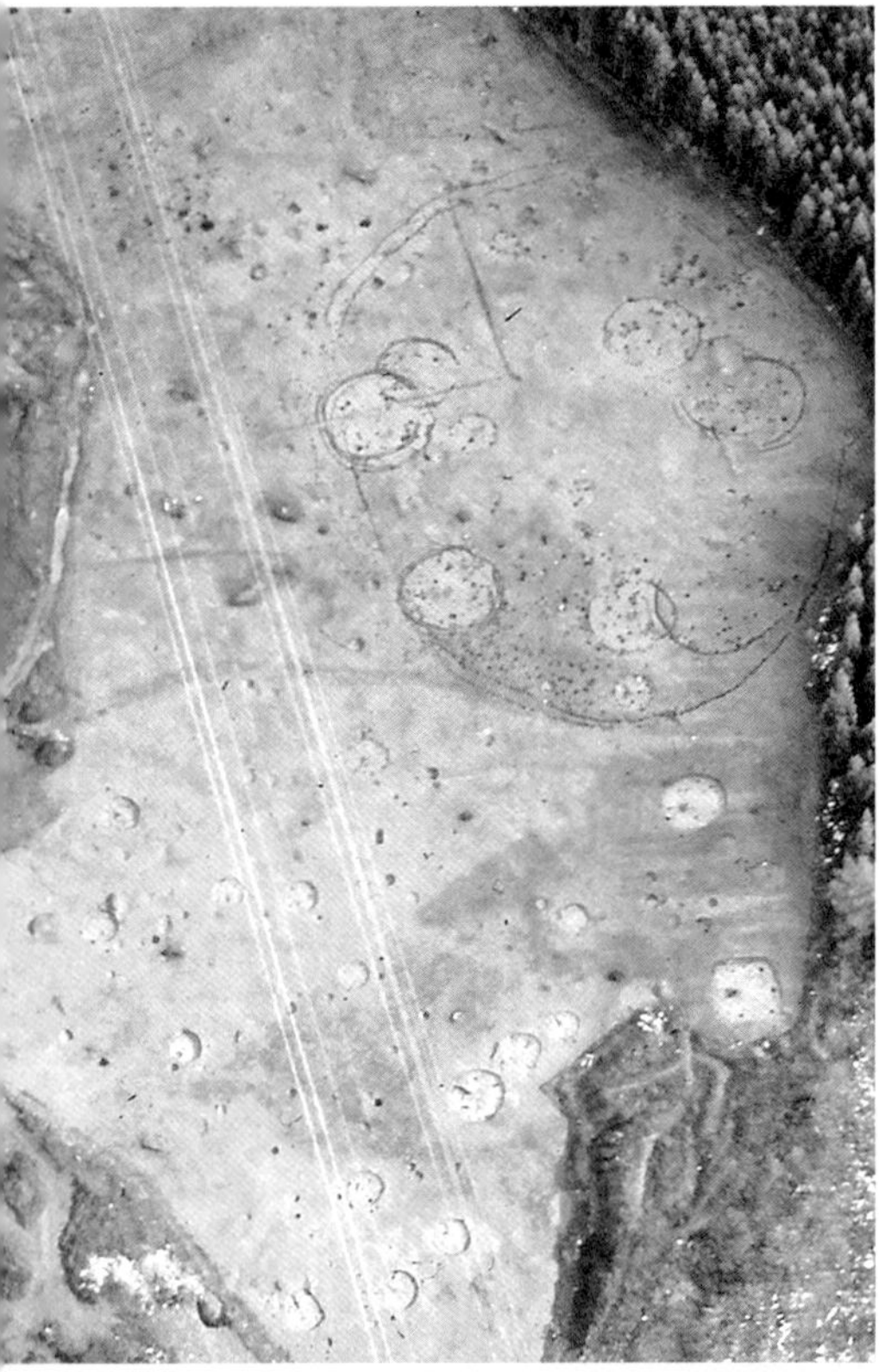

❻**東北の集落**　環状に分布する3〜4軒程度の住居を柵列が囲む。墓は柵の外。住居の大型化などに東北の弥生文化特有の変化が認められるものの、住居の型式、柵列などの構成要素は基本的に縄文文化の系統である。中期・秋田県地蔵田遺跡

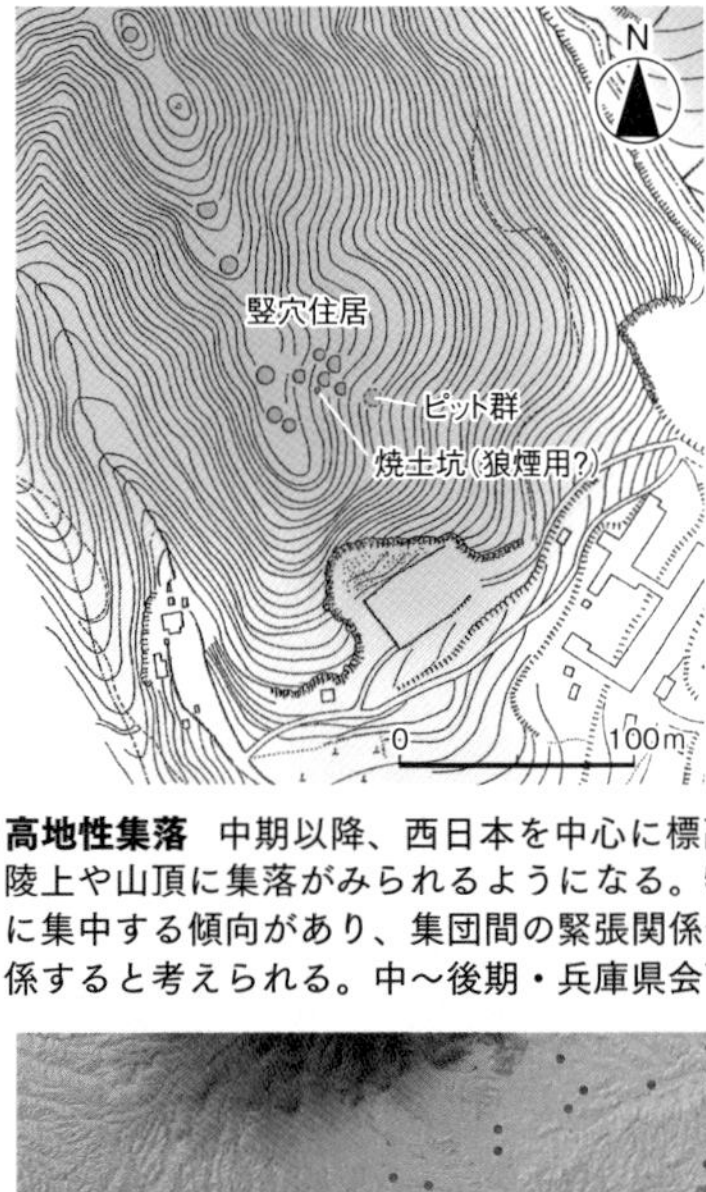

❼**高地性集落**　中期以降、西日本を中心に標高の高い丘陵上や山頂に集落がみられるようになる。特定の時期に集中する傾向があり、集団間の緊張関係や争いに関係すると考えられる。中〜後期・兵庫県会下山遺跡

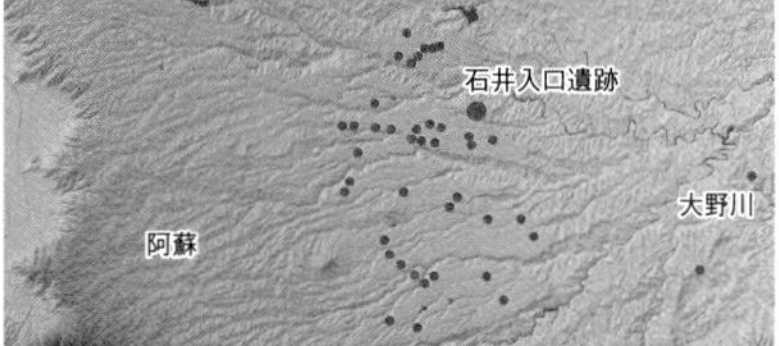

❽**水田不適地の大規模な集落群**　大分県大野川上流域の阿蘇東麓の台地上に、後〜終末期の集落遺跡がまとまる。畠作中心の集落群との意見もあるが、熊本平野（西）と大分平野（東）を結ぶ交通ルート上に形成された中継点的な集落群である可能性もある。

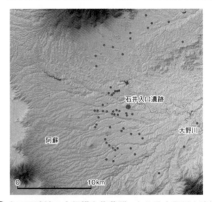

08 弥生文化の集落

集落遺跡の多様性は、弥生文化の人びとの暮らしが多様であったことを示すとともに、縄文文化にくらべ、社会が大きく複雑になっていたことの証拠として考えることができる。水田稲作が生活の中心となり人口が増加した地域では、集落の役割や機能の分化が進んでいった。

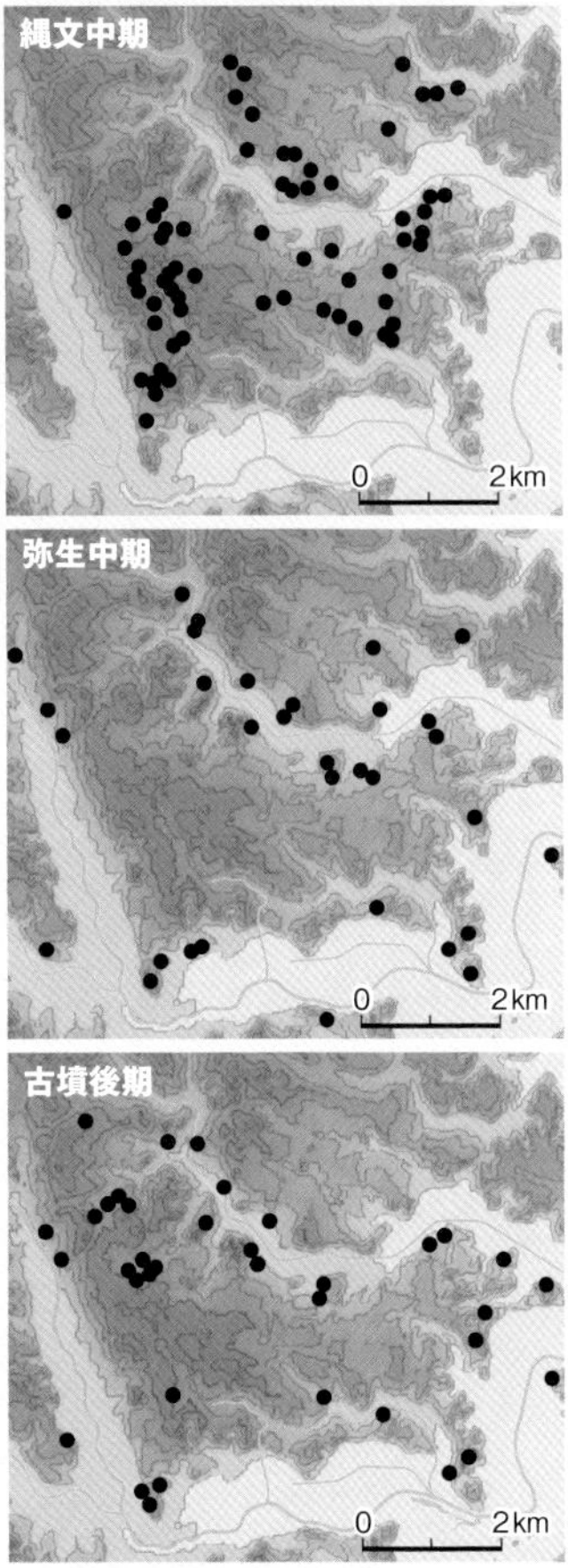

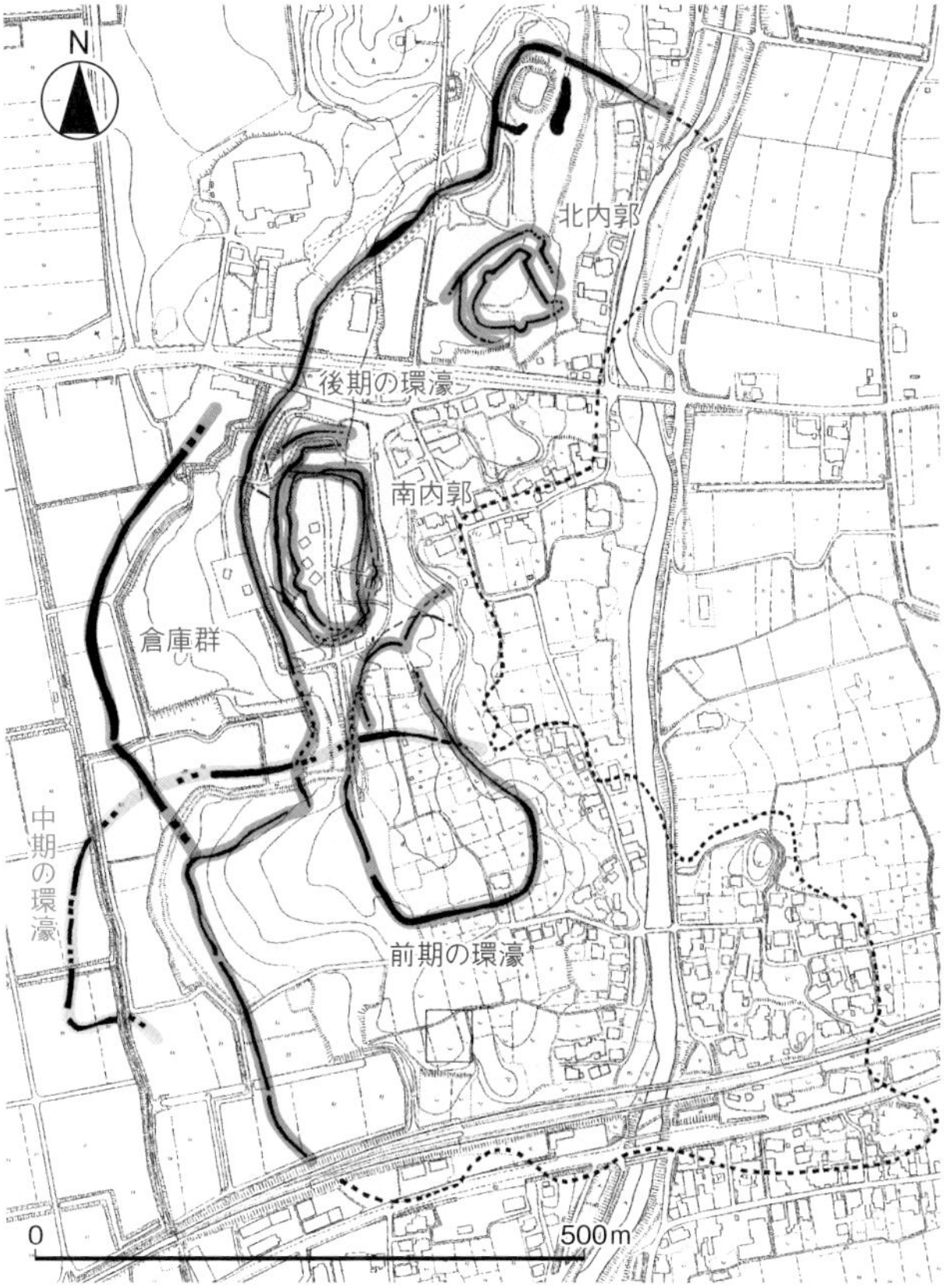

❷九州北部の大規模な環濠集落　前期から終末期までの複数の時期の環濠集落が重複する。中期以降、環濠内の面積が20万㎡を超える巨大な環濠集落となった。後期には内郭や倉庫群など、特別な機能をもった空間が形成される。佐賀県吉野ヶ里遺跡

❶神奈川県鶴見川流域の縄文文化・弥生文化・古墳文化の集落立地
弥生文化の集落が水田可耕地のある沖積低地に面した台地に形成されていることがわかる。古墳文化の後半から再び水田不適地に集落が広がっていく。

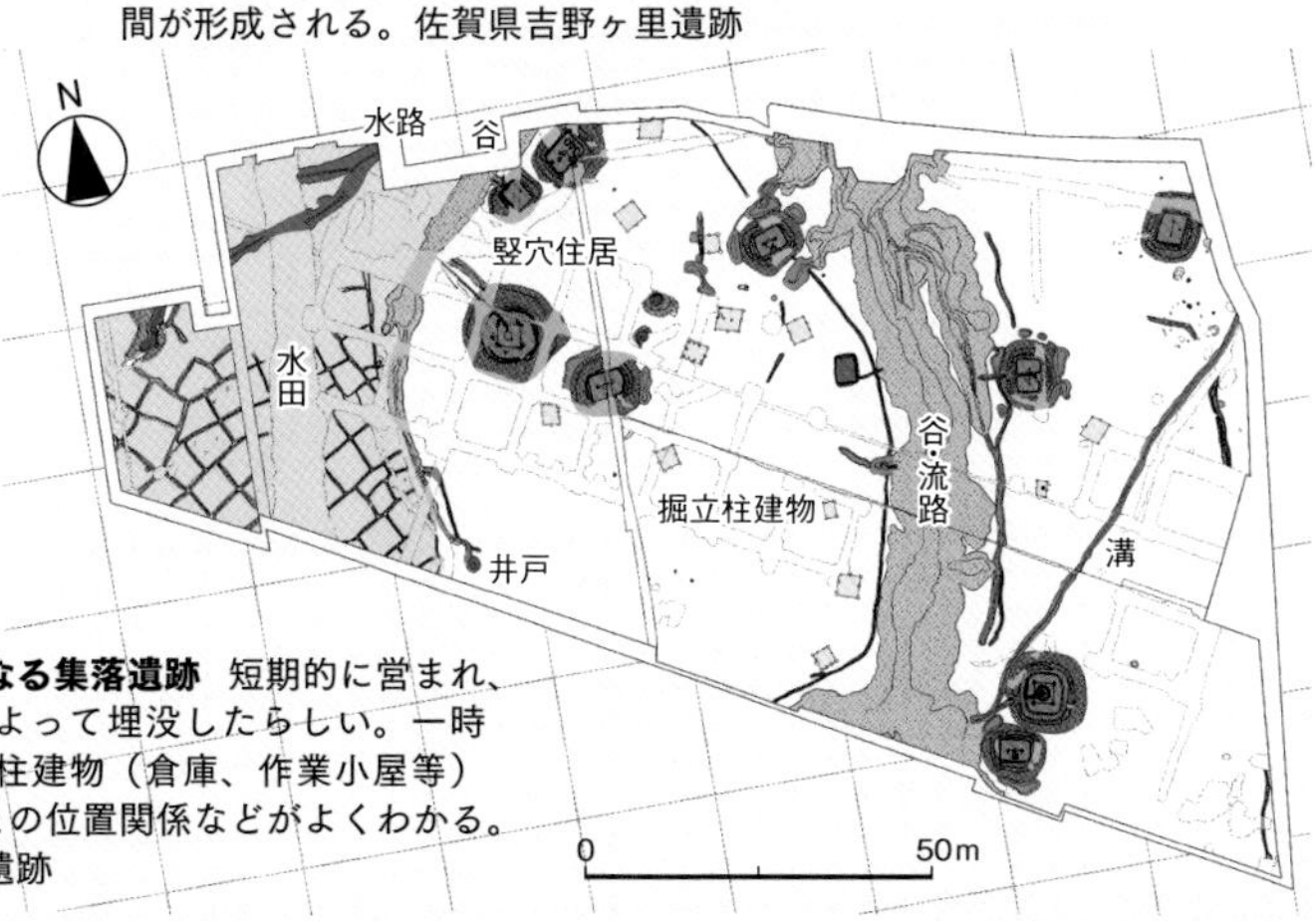

❸同時存在の遺構からなる集落遺跡　短期的に営まれ、廃絶後すぐに洪水によって埋没したらしい。一時期の竪穴住居や掘立柱建物（倉庫、作業小屋等）の配置、水田や水路との位置関係などがよくわかる。後期・大阪府八尾南遺跡

09
人びとのすがたと人口

弥生文化は、そのはじまりだけでなく、その後も朝鮮半島や大陸との接触を通して変化を遂げていきました。そうした接触は少なからぬ人びとの移動をともなっていたはずで、その結果、弥生文化の担い手の多くは、**縄文文化の人びと**[*]とは異なる容姿になっていきました。

朝鮮半島からの人びとの移動を示す証拠は、人骨資料にみることができます。西日本各地の多くの弥生文化の人骨には、縄文文化の人骨にくらべ、背が高く顔が平らで長いという特徴がみられます。これらは同じころのアジア北東部の人びとの形質で、弥生文化の人骨には、**ほかにも大陸系のさまざまな特徴**[*]がみられます。大陸系の諸特徴は、**東北の人骨**[*]でも確認されている一方で、九州北西部の五島灘沿岸一帯のように、縄文文化からさほど変わらない形質が残る地域もあり、大陸系の特徴は一様に広がっていったわけではないようです。

九州北部一帯では、水田稲作中心の生活へと移行したころから急速に人口が増加しました。増加率が年率二パーセント（三五年で約二倍）以上に達する地域もあったようです。弥生文化のはじまりころにどれくらいの数の人びとが朝鮮半島から渡ってきたのかはわかっていませんが、少なくとも九州北部で人口が急増したころの弥生文化の担い手たちは、多くの大陸

＊縄文文化の担い手たちの形質、特に頭骨の特徴には地域差が少ないことが指摘されている（百々幸雄『アイヌと縄文人の骨学的研究』東北大学出版会、二〇一五年）。

＊たとえば、計測した数値ではなく、有る無しによって判別する形態小変異とよばれる骨の特徴など（百々幸雄　同右）。

＊岩手県アバクチ洞穴遺跡出土の弥生時代中期の子どもの人骨など。

系の特徴をもった人びとだったようです。そして、その後の弥生文化は、そうして増加をつづけた人口が縄文文化の範囲へと拡散し、縄文文化の人びとと一緒になって形成されていったと考えられます。

　水田稲作が生活の中心となった地域では、時期や地域ごとに大きな変動がみられるものの、全体の傾向としては人口が増加していました。**晩期縄文文化の本州・四国・九州の人口**＊は一〇〇万人程度だったとの意見があります。一方、文字記録のある**八世紀の人口**＊は、約六〇〇万人だったと推定できます。となると、この間の一六〇〇〜一七〇〇年間で、人口が約六〇倍になったことになります。この場合の一年ごとの増加率は〇・二パーセント程度です。

　仮にこの間の人口増加率が一定だったとすると、中期のはじめころには約四〇万人、後期のはじめには約一〇〇万人、終末期には一八〇〇万人に達していた計算になります。もちろんこれらは目安に過ぎませんが、こうした急激な人口増加が、おもに水田稲作が生活の中心となった地域、つまり大陸系の形質や遺伝子を色濃くもつ人びとの暮らす地域で生じたために、弥生文化の担い手たちの容姿が、縄文文化から大きく変わっていくことになったのです＊。

　はなしは変わりますが、縄文文化や古墳文化と同様、弥生文化の人びとも、土器や土製品、木製品などに人の姿を表現しています。それらの多くは、どことなく大陸系の平らな顔のような印象のものです。ほかにも当時は、衣服や装身具などにも大陸系の技術や要素が多くみられ、人口増加地域を中心に定着していきました。こうして身体だけでなく身にまとうものも含め、弥生文化の人びとは、縄文文化の人びととは異なるすがたになっていったのです。

＊小山修三の計算による（『縄文時代―コンピューター考古学による復元』中公新書、一九八四年）。

＊澤田吾一の計算による（『奈良朝時代民政経済の数的研究』冨山房、一九二七年）。

＊近年、人骨のゲノム情報解析が進みつつあり、いずれ弥生文化のはじまりに関わる人（遺伝子）の動きが詳細にとらえられるようになると期待される（藤尾慎一郎ほか「考古学データとDNA分析からみた弥生人の成立と展開」『国立歴史民俗博物館研究報告』第二三七集、二〇二二年）。

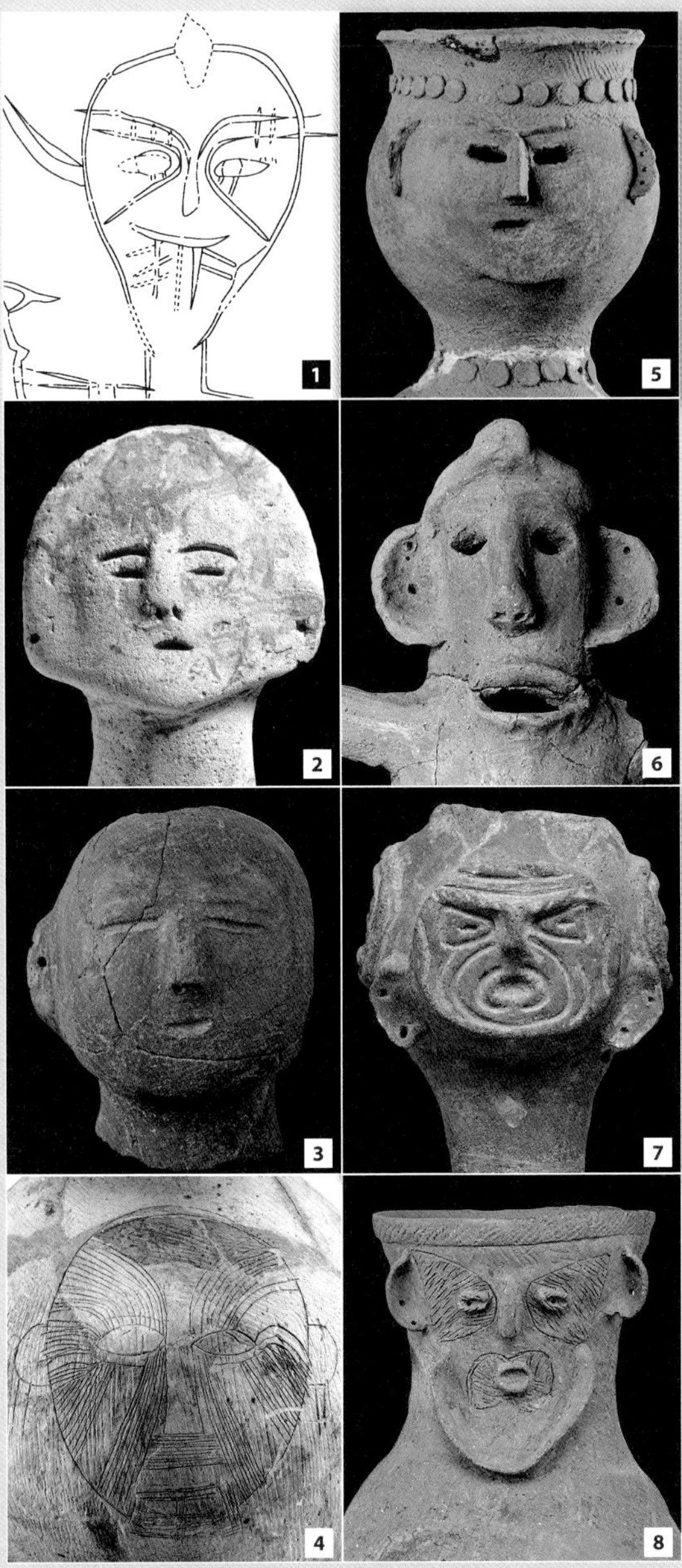

❹弥生文化の担い手たちの自画像　彫りの浅い顔が多いが、彫りの深そうな顔（7・8）もみられる。顔の模様は入れ墨と考えられる。

1：福岡県上鑵子遺跡出土木板の「絵画」（中期）
2：岡山県百間川兼基遺跡出土土偶（後期）
3：神奈川県蛭畑遺跡出土人面付土器（中期）
4：愛知県亀塚遺跡出土土器の「絵画」（後期）撮影：T. Ogawa
5：神奈川県上台遺跡出土人面付土器（後期）
6：群馬県有馬遺跡出土人面付土器（後期）
7：長野県渕ノ上遺跡出土土偶形容器（前期）
8：茨城県女方遺跡出土人面付土器（中期）

❺南海産の貝輪を模した青銅製腕輪　南海産の貝製のものを中心に、青銅やガラスなどさまざまな素材の腕輪が発達していた点も弥生文化の特徴のひとつである。後期・京都府大風呂南遺跡

❻さまざまな玉類　弥生文化では、ヒスイ、碧玉、ガラスなどのさまざまな素材によって多様な玉類がつくられていた。中〜後期・奈良県唐古・鍵遺跡

❼出土した絹と復元された衣服　関東の出土例もある。染色の技術も定着していた。中期・佐賀県吉野ヶ里遺跡

09 弥生文化の担い手たちの容姿

弥生文化のはじまりとともに、日本列島に暮らす人びとの容姿に大きな変化が生じはじめた。縄文文化の担い手たちが低身長で彫りの深い顔立ちだったのに対し、弥生文化の拡大とともに大陸系の長身で面長・彫りの浅い顔立ちの人びとが目立つようになっていった。また、社会の複雑化とともに朝鮮半島や中国を中心に周辺の諸文化との関係が深まっていくことで、衣服や装身具など、身を包むものも独自の変化を遂げていった。

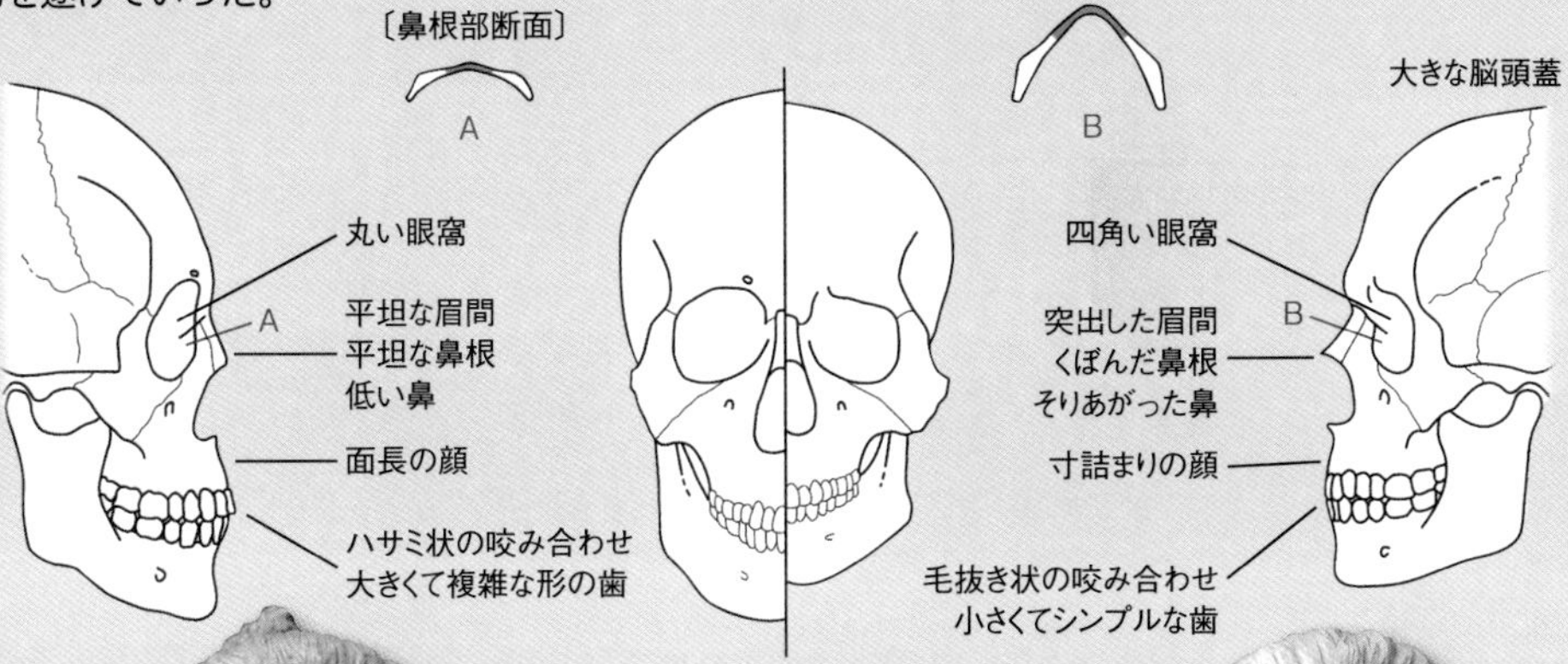

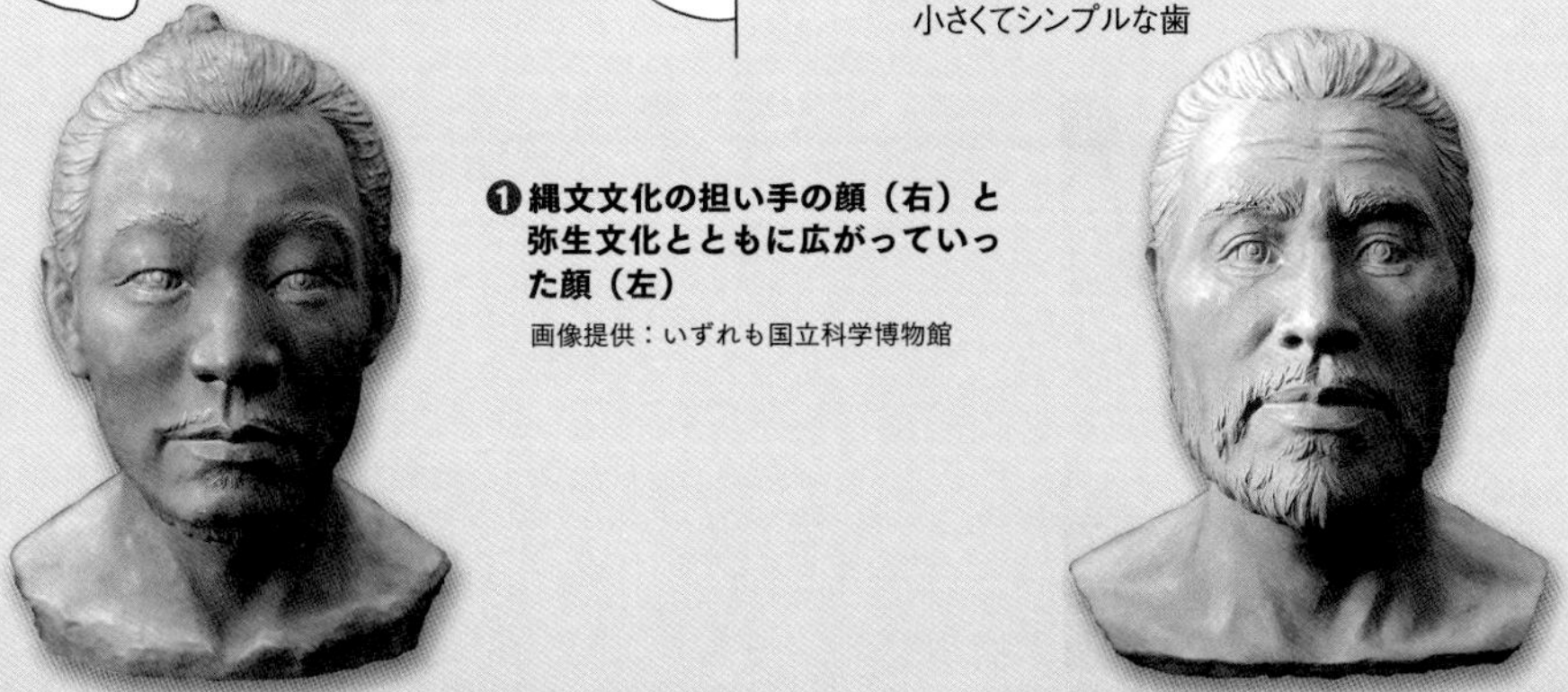

❶縄文文化の担い手の顔（右）と弥生文化とともに広がっていった顔（左）

画像提供：いずれも国立科学博物館

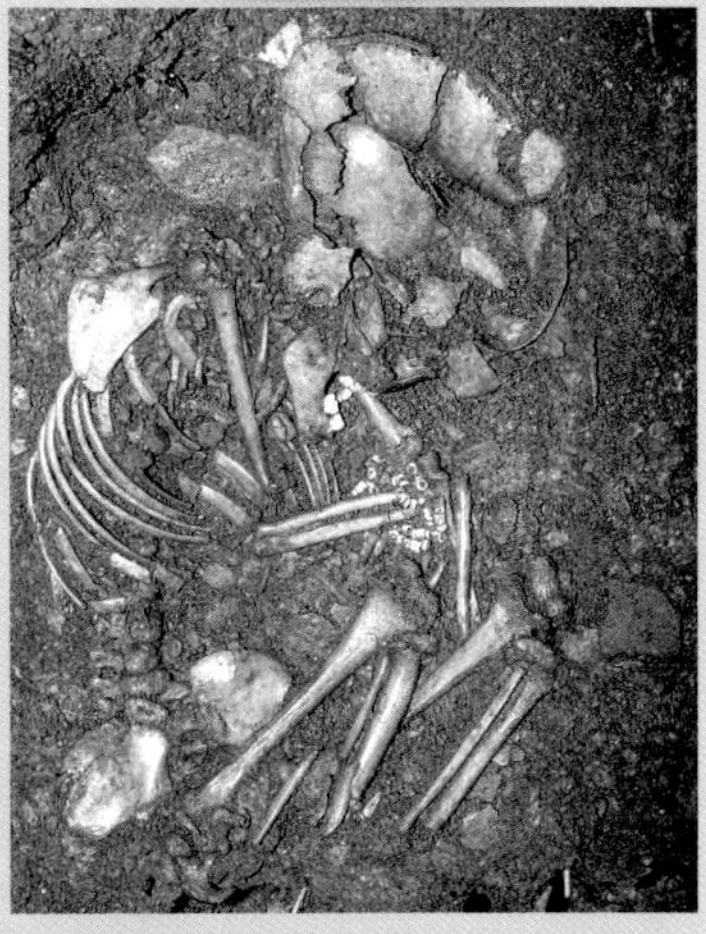

❷近畿における弥生文化のはじまりころの人骨　縄文文化の担い手に近い形質的特徴をもつ。近畿で弥生文化がはじまったころには縄文文化の担い手に近い顔つきの人びとが多かったのかもしれない。前期・兵庫県新方遺跡

❸東北の弥生文化の人骨　大陸系の要素が認められる子どもの骨。紀元前1世紀には東北まで大陸系の影響が及んでいた。中期・岩手県アバクチ洞穴遺跡

10 集落間、地域間の関係の進展

08章で説明したように、弥生文化における大規模な集落の発達や人口の増加は、人びとが生産性の高い水田稲作への依存度を高めていったことと関係していると考えられます。

水田稲作への依存度が高くなると、単位面積当たりの食糧生産量が増加し、その分たくさんの人口を支えられるようになります。一方で、水田稲作が集落の生命線になることで、災害などによる突発的な減収時のリスクやダメージは、逆に大きくなっていったはずです。私は、そうしたことが、複数の集落が互いに支え合う社会の形成をうながす要因のひとつになったと考えています。また、水田稲作への依存度が高まると、その分、広い水田や大きな灌漑施設が必要になり、それらの構築・維持のための労働力が不可欠になっていきます。このような要因が絡み合うなかで、社会が大きく複雑になっていく道筋が準備されていったのです。

弥生文化の人口増加地域では、集落数の増加とともに、それらが地域的なまとまりを形成していく様子を各地でみることができます。集落群の構成は、地域・時期によってさまざまですが、大まかにみると、同じような集落が均質的に分布するパターンと、大きな集落を中心に周囲に普通の集落が点在するパターンとに分けることができそうです。こうしたまとまりの形成は、個々の集落が、地域の一員であることではじめて存続しうるような、互いに支え合う社会の成立を物語ると考えています。私はこれを**地域社会**とよぶことにしています。

水田稲作が生活の中心となり人口が増加していくと、人びとの日常的な生活空間は、集落と水田を中心とする狭い範囲にまとまっていくことになると考えられます。一方で、人口の増加は、生活で用いるさまざまな道具や素材の需要を拡大させていきます。しかし、そうした道具や資材は、地域社会のなかですべて生産・入手できるとは限りません。

関東以西では、人口増加が顕著になるころから、特定の石材でできた石器が限られた集落で生産され、広域に流通するという現象がみられるようになります。こうした石器は、地域社会間のつながりを通して各地に流通していたと考えられます。後で説明する青銅器や鉄器なども、ごく限られた集落で生産され、やはり地域社会間のつながりをとおして各地にもたらされていたはずです。一方で、こうした道具類の入手には、当然それらと交換するものが必要になります。そのため、食糧をはじめ木材や木製品、土器や土製品といったさまざまなものも、地域を超えて交換されるようになっていきました。このように、人口の増加と道具や素材の外部依存度の高まりによって、地域社会間の関係が深まっていったのです。

こうした関係が進展していくと、個々の地域社会の存続にとって地域社会間の結びつきが不可欠なものになっていくはずです。これが複数の地域社会からなるより大きな社会の形成をうながし、**律令国家**＊へとつづく列島規模の大きな社会の形成へとつながっていくのです。

＊**律令国家**　七世紀後半に成立した、唐にならった律令という法律にもとづく中央集権的な国家体制。古代国家の確立期にあたる。

立岩産石包丁

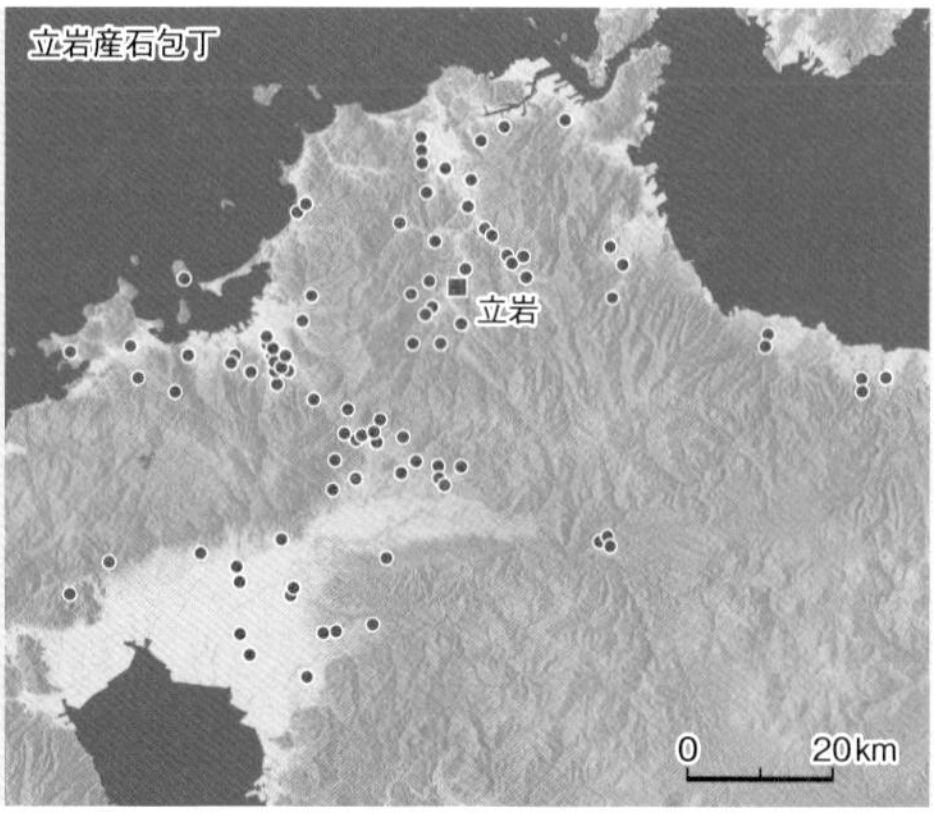

今山産太形蛤刃石斧

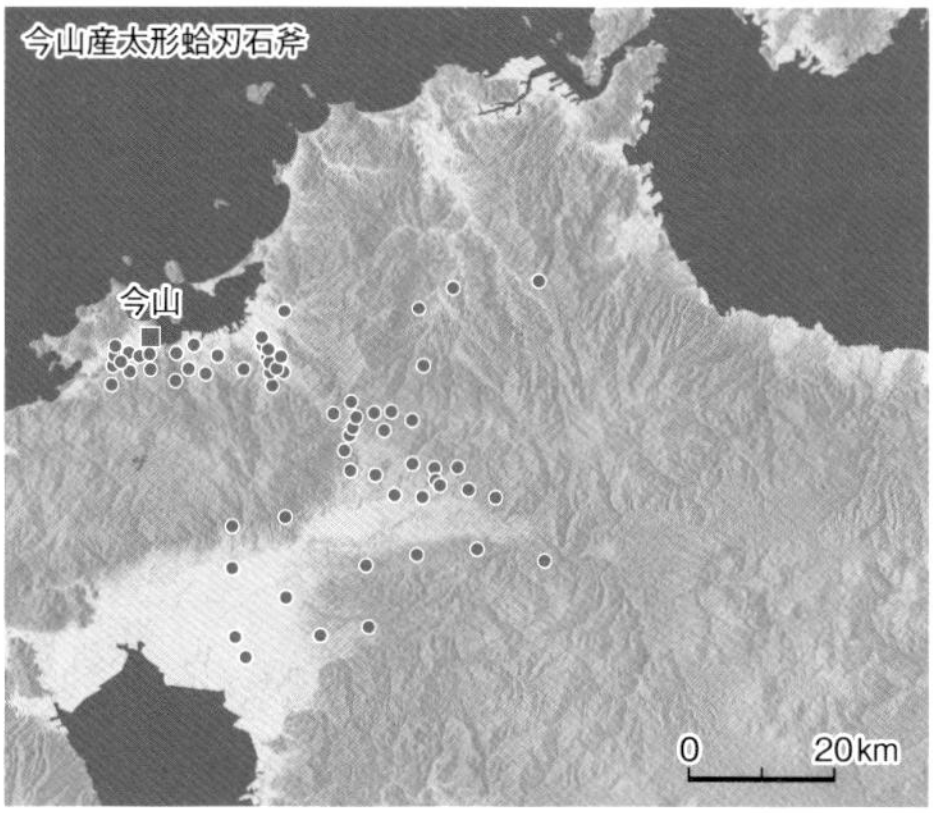

❹立岩産石包丁と今山産太形蛤刃石斧の生産と流通　前期後葉から中期にかけ、福岡県立岩遺跡では輝緑凝灰岩製石包丁が、同県今山遺跡では玄武岩製太形蛤刃石斧が、ともに集中的に生産され九州北部一帯に広く流通していた。これらの石器は、すでに各地の生活必需品になっていたといってよく、こうした地域間分業を支える地域社会同士のネットワークが存在していたことを示している。

❺神奈川県鶴見川流域出土の大陸系磨製石斧類　中期の鶴見川流域で出土する大陸系磨製石斧には、他地域で生産されたものが数多く含まれる。
1の太形蛤刃石斧と6の扁平片刃石斧は、ともに長野盆地産、2～5の柱状片刃石斧と7～9の扁平片刃石斧、12・13のノミ形石斧は、主に相模川中流域産と考えられる。

ほかにも静清平野産の扁平片刃石斧も存在する。各集落でつくられていた石器は、扁平・棒状の川原石を簡単に加工したようなもの（10・11）が主体を占めており、個々の集落はすでに精巧な石器を生産する技術をもっていなかった可能性が高い。

10 地域社会、そして地域社会のまとまりの形成

水田稲作が生活の中心となり人口が増加するにつれ、水田の造成・維持をはじめとする協同労働と、食糧や生活必需品を安定的に確保するための、相互に支え合う大きな社会が必要となっていく。こうして複数の集落からなる地域社会が、人びとの生活の基盤になっていった。また、食糧や生活必需品の流通量の増加により、地域社会間の関係も深まっていく。これが律令国家につながる大きな社会形成の一因となるのである。

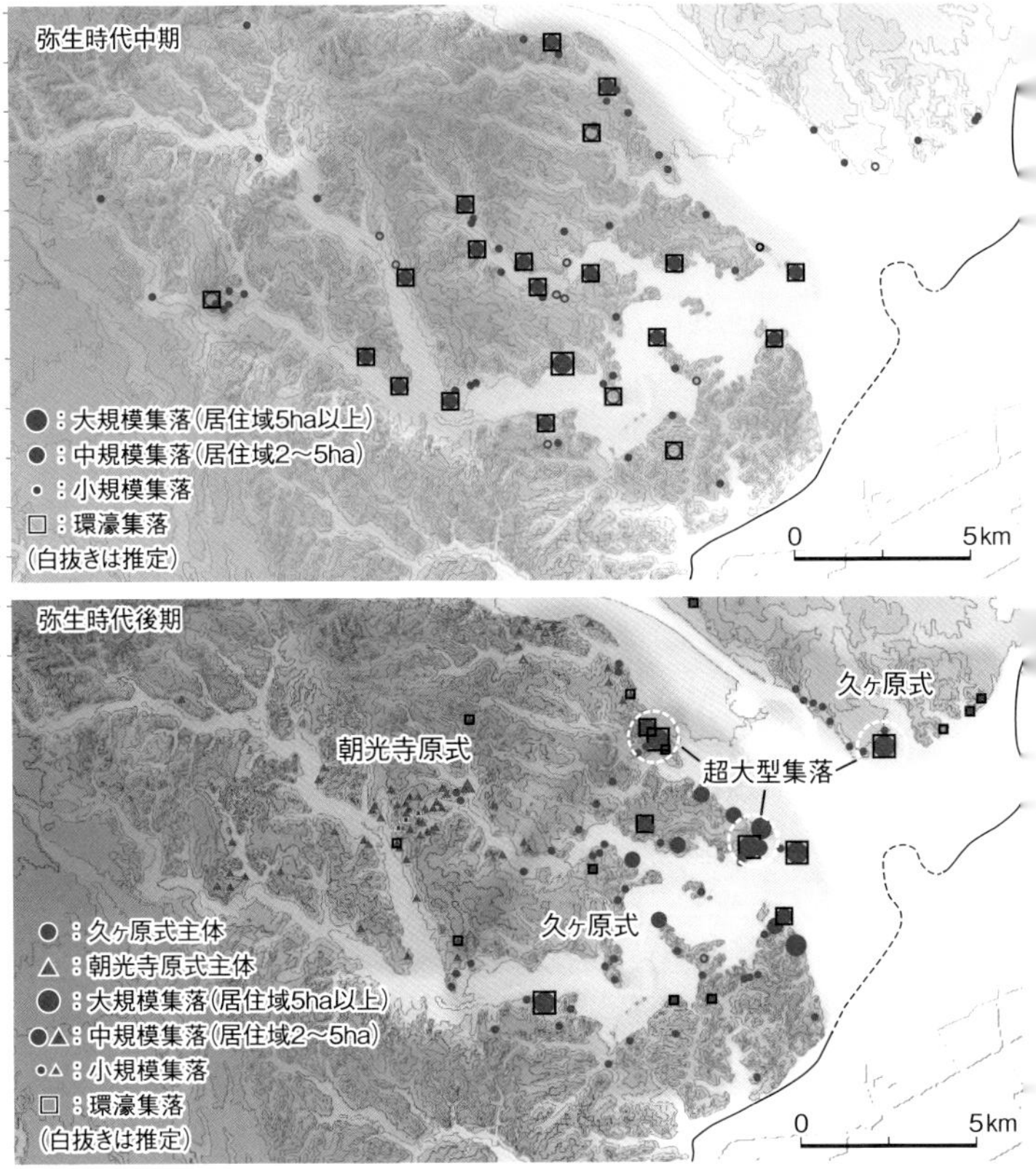

❶神奈川県鶴見川流域の中期と後期の集落遺跡群　中期の鶴見川流域では、同程度の規模・内容の環濠集落が一定の距離をおきながらまとまって分布する。一方、後期・終末期になると一部の超大型集落を中心にさまざまな規模の集落遺跡がまとまるようになる。ともに複数の集落がまとまって地域的な社会（地域社会）を形成していたと考えられる。

❷水田の畔に打ち込まれた膨大な数の矢板　静岡県登呂遺跡の水田跡（後期）では、畦畔を補強する矢板が推定で1万本以上打ち込まれていた。水田の造成は、複数の集落の協同作業だった可能性が高い。

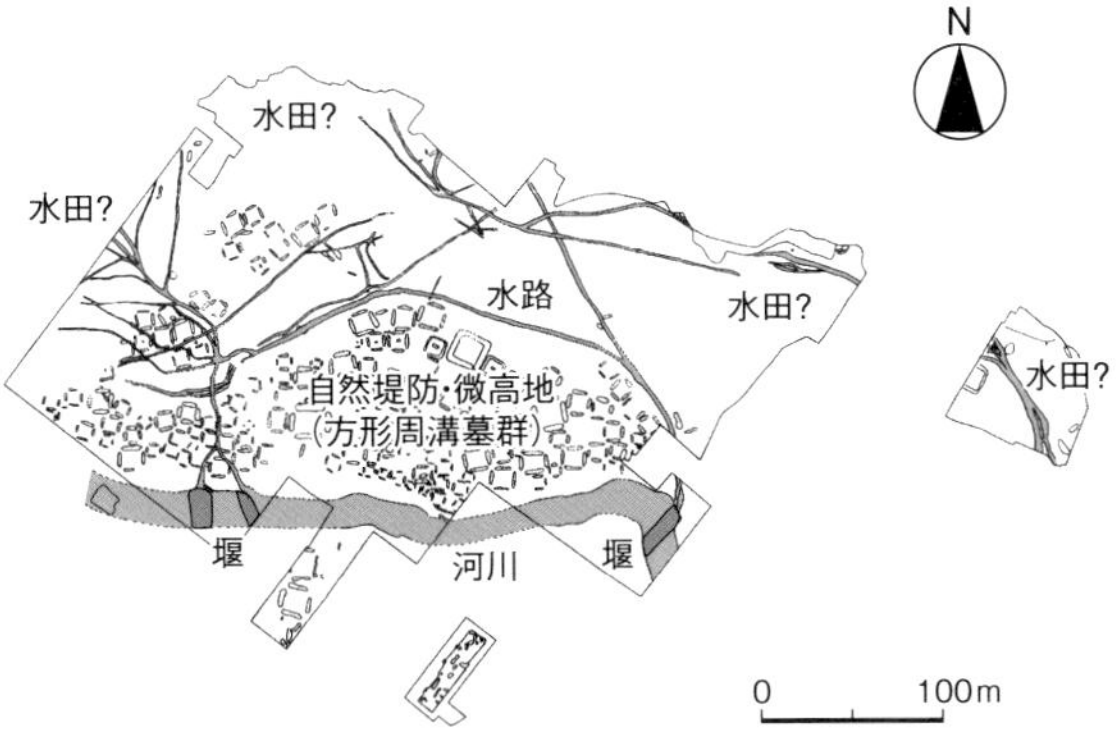

❸大規模な堰と水路　千葉県常代遺跡（中期）では、幅20mほどの河川に敷設された3基の大規模な堰と、そこから方形周溝墓群のある自然堤防を横切って水田に水を導く、総延長1km以上の水路が検出された。堰と水路の構築・維持には大きな労働力が必要だったはずである。

11 祭祀・儀礼の発達

地域社会の存続には、各集落が互いに支え合う関係を維持することが大切です。加えて、地域外に依存している生活に必要な道具や素材を安定的に入手するには、地域社会間の関係を良好に保つことも重要になってきます。

こうした集落や地域の相互依存的な関係の形成と維持には、さまざまな事象が絡んでいたと考えられます。たとえば、血縁や婚姻にもとづく同族意識は、その根幹ともいうべきものだったでしょうし、水田や灌漑施設の造成、環濠や倉庫の構築といった、労働力を結集しておこなう協同土木作業も、参加した人びとの仲間意識の形成や維持に大きな役割を果たしていたはずです。田植えや収穫時にも同様の協同労働がおこなわれていた可能性がありますし、そもそも道具や素材の交換も、仲間意識のあり方と深く結びついていたと考えられます。

祭祀や儀礼も、地域社会内や地域社会間の仲間意識の形成・維持において、重要な役割を果たしていたはずです。縄文文化においてもさまざまな祭祀や儀礼が発達していましたが、弥生文化になって社会が大きく複雑になると、それに応じた祭祀・儀礼が生み出されていきました。

＊**祭器**　ここでは、祭祀や儀礼に用いられたと考えられる道具を一括して祭器とよんでおく。

＊**土偶**　縄文文化で発達した土製ヒト形の祭祀・儀礼の道具。各地の弥生文化には、人面付土器や分銅形土製品など、土偶の系譜と考えられる遺物がみられる。ただし縄文文化では基本的に女性像だが、弥生文化のヒト形の道具には男性像も存在する。

弥生文化の**祭器***は多種多様で、土製、石製、木製、骨角製、貝製、青銅製、鉄製と、素材もさまざまです。土器や木器は捧げもの用の器として使用され、祭器として特化したものもありました。縄文文化の**土偶***や**石棒***に系譜が辿れる祭器がみられる一方で、大陸起源とみられる**鳥（鶏）形木製品・土製品***が広く定着し、剣・矛・戈《か》・楯・短甲などの無文土器文化経由の武器・武具が、祭器として独自の変化を遂げていくのも弥生文化の特徴です。

琴などの大陸起源の楽器も広く定着し、とりわけ銅鐸《どうたく》は、弥生文化を代表する祭器のひとつになりました。また、**衣装や装身具***にも祭祀や儀礼に関係するものが多く、絹織物や、ヒスイ・碧玉・水晶などの輝石、南方の貝などの希少品が流通しました。占いに用いた卜骨も各地から出土しています。こうした多種多様な祭器を用いて、個々の集落から地域社会のまとまりに至る、さまざまな社会のレベルで祭祀や儀礼が執りおこなわれていたのです。

祭器のなかでも、西日本を中心に地域的なまとまりをもって分布する、銅矛、銅戈、銅剣、銅鐸は、中期・後期におけるもっとも大きな社会的まとまりを表象するものでした。これらの特別な祭器を用いた共通の祭祀をおこなうことで、地域社会内、地域社会間の仲間意識を保っていたのだと考えられます。

一方、祭祀や儀礼の場所や具体的なやり方についての手がかりは多くありません。銅鐸や青銅製武器形祭器は、集落内から人里離れた山中に至るさまざまな場所から、地中に埋められた状態で発見されるのが特徴です。また、近畿を中心に発見されている**大型独立棟持柱《むなもちばしら》掘立柱建物***なども、集落や地域社会の祭祀や儀礼の場だった可能性が考えられます。

***石棒**　縄文文化で発達した、男性性器を象ったと考えられる祭祀や儀礼の道具。類したものに石刀や石剣とよばれるものがある。

***鳥（鶏）形木製品・土製品**　水鳥や鶏を象ったと推測される木製品・土製品。中期以降の近畿・東海・北陸・関東の出土例が多い。祖霊や穀霊を運ぶもの、時を告げるものとして、大陸起源の農耕祭祀との関係が指摘されてきた。

*装身具の写真は09章や15章に掲載した。

***独立棟持柱**　長方形（方形）に配置された掘立柱建物の柱の外に、切妻屋根の棟木を支えるために設置された柱をいう。独立棟持柱をもつ掘立柱建物は、近畿から関東を中心に分布し、大型建物も多い。縄文文化の系統との意見もある。

中広形銅矛（長82.4cm
長崎県大綱）

（文化庁蔵）

中細形銅剣（長約50cm
島根県荒神谷遺跡）

平形銅剣（長46cm
香川県我拝師山）

扁平鈕式銅鐸（高47.9cm
兵庫県渦森台）

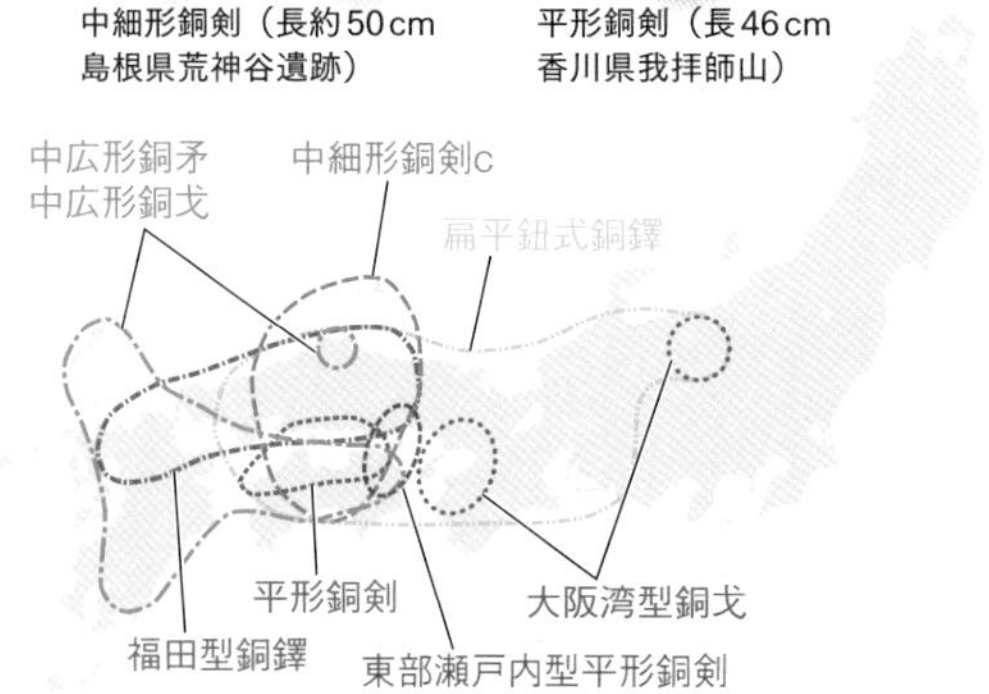

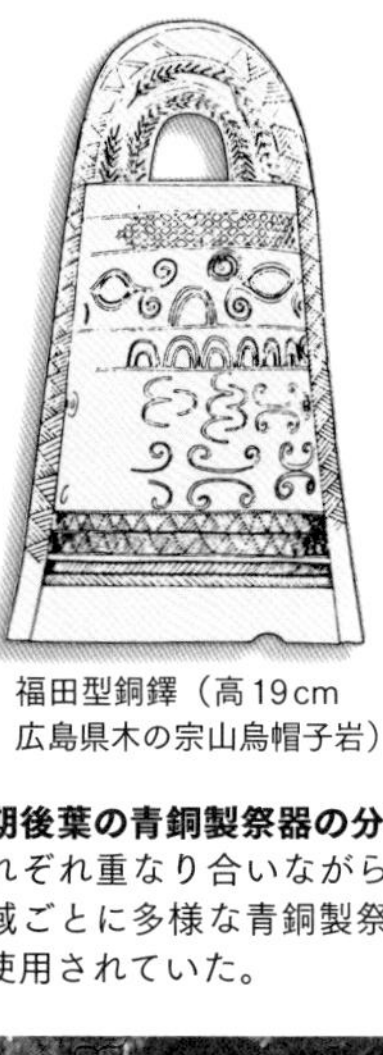

福田型銅鐸（高19cm
広島県木の宗山烏帽子岩）

中広形銅戈
（長 38.7cm 福岡県宮山）

大阪湾型銅戈
（長 27.5cm 和歌山県上の段）

❻中期後葉の青銅製祭器の分布
それぞれ重なり合いながらも、地域ごとに多様な青銅製祭器が使用されていた。

❼集落内の大型建物 独立した棟持柱（写真中の○）をもつ大型建物。銅鐸や土器の絵画にも同様の建物が描かれており、祭祀・儀礼の場として発達したと考えられる。中期・大阪府池上曽根遺跡

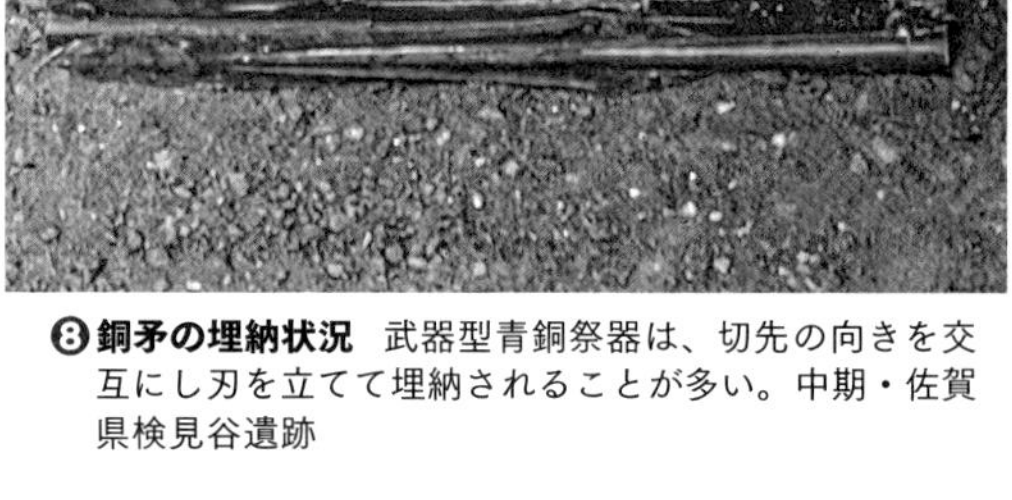

❽銅矛の埋納状況 武器型青銅祭器は、切先の向きを交互にし刃を立てて埋納されることが多い。中期・佐賀県検見谷遺跡

弥生文化の祭祀・儀礼の道具

祭祀や儀礼には、人びとの結束を高め、紐帯を維持する役割があったと考えられる。弥生文化においては、社会的関係の拡大と複雑化の進行とともに、多種多様な祭祀や儀礼が発達していた。ただ、祭祀や儀礼の具体的な内容や意味については、まだ多くが謎のままである。

さまざまな祭器

❶**美しく飾られた土器** 弥生文化では、地域・時期ごとに特徴的な飾られた土器が発達していた。こうした個性的な土器を祭祀や儀礼に用いていたのだろう。左から熊本県方保田東原遺跡（中期）、神奈川県ニツ池遺跡（後期）、宮城県西浦遺跡（中期）

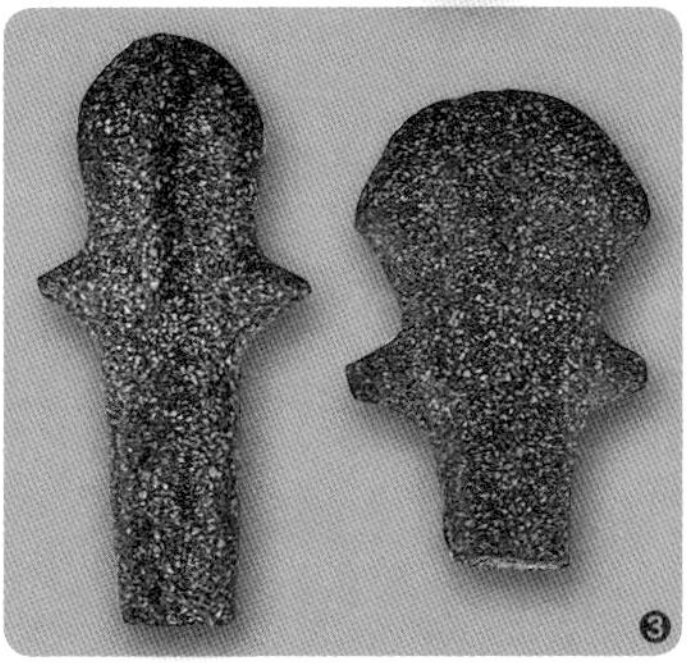

❷**分銅型土製品** 中～後期の瀬戸内から山陰を中心に出土する。縄文文化の土偶や土面と関係するか。中期・山口県明地遺跡

❸**有角石器** 関東から南東北に分布縄文文化の独鈷石（どっこいし）等の祭器が、武器型祭器との接触により変容したもの。中期・千葉県草刈遺跡

❹**卜骨と孔を開けたイノシシの下顎骨** ともに朝鮮半島経由で伝わったと考えられる大陸系の儀礼の道具。卜骨は骨に焼けた棒を押し当て、生じた亀裂によって卜う。中～後期・奈良県唐古・鍵遺跡

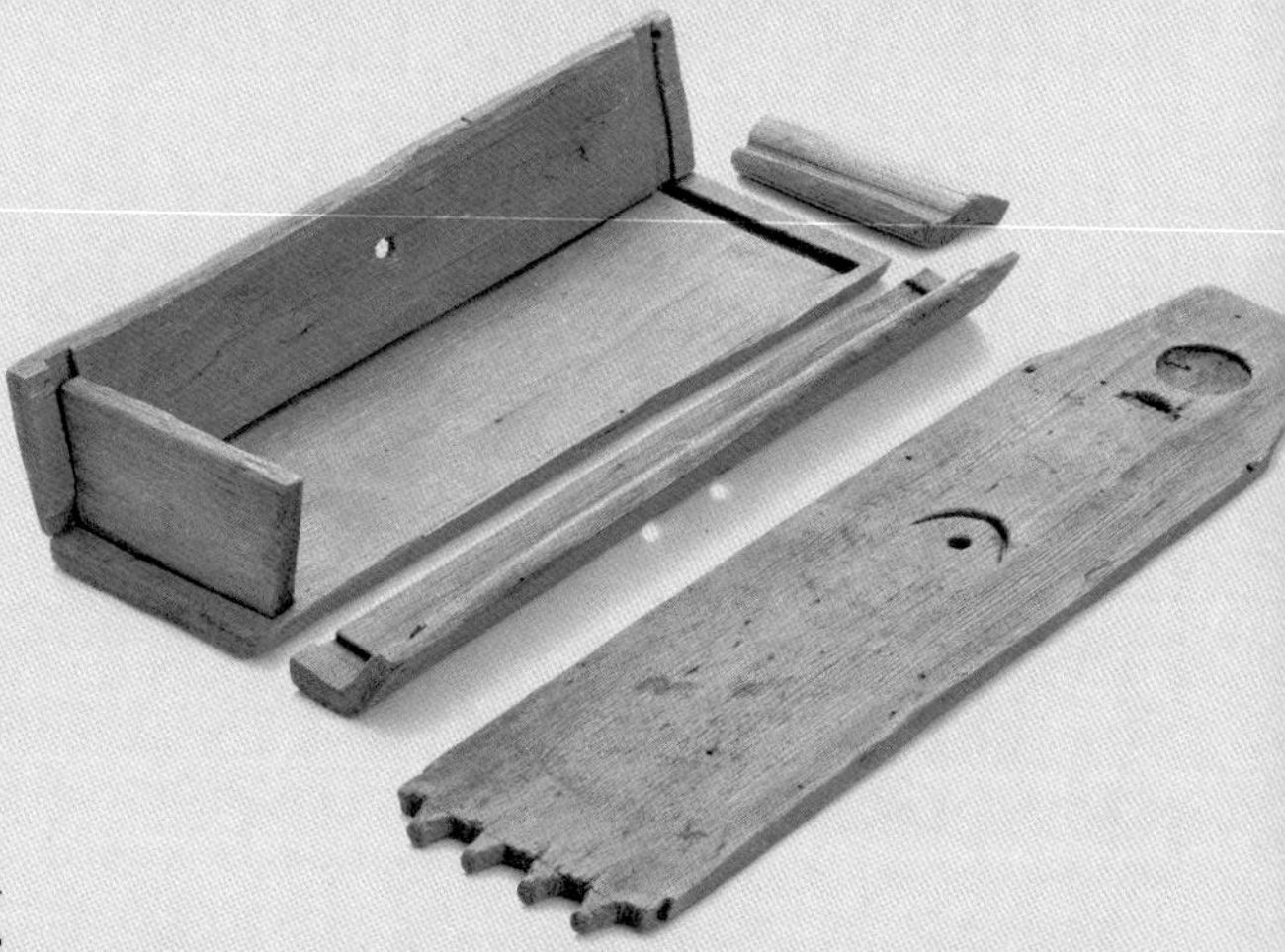

❺**琴** 中期までに弥生文化の広い範囲に定着した。祭祀や儀礼の場で用いられていたのだろう。中期・鳥取県青谷上寺地遺跡

12 集団間の争い

集落や地域社会にとって、互いに支え合う関係を維持することはとても大切でした。しかし、個々の集落の地域社会への依存度、そして個々の地域社会の地域社会のまとまりへの依存度が高まるほど、食糧をはじめ護るべきものへの意識が強くなり、集落間、地域社会間の利害関係は複雑になっていきます。祭祀などの仲間意識を高めるさまざまな仕組みがあったとはいえ、時に利害関係のほころびが、集団間の争いに発展してしまうこともありました。

ただ、こうした集団間の争いは、逆に社会のまとまりを強固にしていく側面もあります。当時の争いは集落間から地域社会のまとまりの間まで、さまざまなレベルで生じていたはずですが、争いによって味方同士の結束は強固になります。相互依存と対立という二つの側面が作用することで、地域社会のまとまりが大きく、そして複雑になっていくのです。

弥生時代は、日本列島の人類の歴史のなかで、はじめて人の殺傷を目的とする道具である〈武器〉がつくられ、使われた時代です。縄文時代にも鏃《やじり》や槍などで人が殺傷された証拠はありますが、それは本来別の用途であった道具が、たまたま人に向けられたにすぎません。

弥生文化の刃をもつ〈武器〉の多くは、早期に伝わった無文土器文化系の石剣と石鏃《せきぞく》、中

＊**銅鏃**　青銅器は、溶けた青銅を鋳型に流してつくるため、小さな道具の量産に向いている。一度にたくさ

期はじめに伝わった銅剣・銅矛・銅戈に起源があるか、その刺激を受けてつくられたものです。とはいえ、銅剣等は、九州北部で武器として使用されたとみられる例があるものの、どちらかといえば権威の象徴としての意味あいが強く、中国・四国以東では地域社会で共有する祭器になっていました。中期までの実用的な〈武器〉は、短剣と鏃を中心とする石器が基本で、地域ごとに特徴があり、多くは縄文文化系の技術を応用してつくられたものでした。

一方、後期になると、剣と鏃を中心に、鉄製〈武器〉の出土例が各地で増加しはじめます。これらの実用性については慎重に検討しなければなりませんが、一部が〈武器〉として使用されていたことは十分にありそうです。また後期・終末期には、東海西部以西で**銅鏃***の出土数が急増します。鋳物で量産しやすいため、実用品として増産されていた可能性があります。

なお、**鏃には木製や骨角製のもの***もみられ、「魏志倭人伝」に記された骨鏃との関係が注目されます。その他の〈武器〉としては、土製・石製の**投弾***、**環状石斧***なども知られています。身を護る〈武具〉も、実用か否かは別にして、木製の**楯**や**短甲***が各地で出土しています。

08章でふれた環濠集落と高地性集落も、こうした争いや緊張関係に関係していたと考えられます。ただ、環濠には防御以外の意味や機能もあったようですし、高所における集落形成は、防御・見張り・通信のほかに、生業や儀礼、そして災害などが契機になった可能性もありそうです。しかし、環濠集落や高地性集落は、弥生文化の人口増加地域に特徴的なものであり、その多くに集落や地域社会を護るという意識があったことは、間違いないと思っています。

んの銅鏃を製作できる鋳型が、九州北部などでいくつもみつかっている。

＊骨鏃、角鏃、木鏃は、実用的な鏃として一定程度の役割を担っていたと考えられる。ただいずれも儀礼用のものを含んでいる可能性がある。

＊**投弾**　敵に投げつけるつぶて。おもに西日本で出土し、石製のものと土製のものがある。

＊**環状石斧**　棍棒の先端にとり付けたと考えられる石器。刃をもたない環状石器も同様の使われ方をした可能性がある。

＊**短甲**　胴の部分だけをおおう鎧。古墳文化以降の鉄製短甲には、頭を護る冑や腰から下を護る草摺などがセットになるが、弥生文化の短甲がそれらとセットになっていたかは不明。

中期

7 銅剣・銅戈・銅矛　権威の象徴としての意味が強かったと考えられるが、実用に耐え得る鋭さと頑丈さをもつ。中期・福岡県吉武高木遺跡

8 鉄鏃　中期後半に普及しはじめ、後期には弥生文化の広い範囲で用いられるようになった。中期・福岡県吉ヶ浦遺跡

9 骨鏃・角鏃　弥生文化では骨製・角製、木製の鏃も増加する。鏃に対人用の武器としての機能が付け加わったことが関係している可能性がある。愛知県朝日遺跡

後期〜終末期

10 鉄剣　後期以降、関東以西で鉄剣の副葬例が急増する。武器が集落や地域社会のリーダーの役割や資質の表象になっていたことを示す。後期・群馬県有馬遺跡

12 木製楯　接近戦用の持ち楯と弓矢を防ぐ置き楯があった。祭祀・儀礼にも用いられた。後期・滋賀県下之郷遺跡

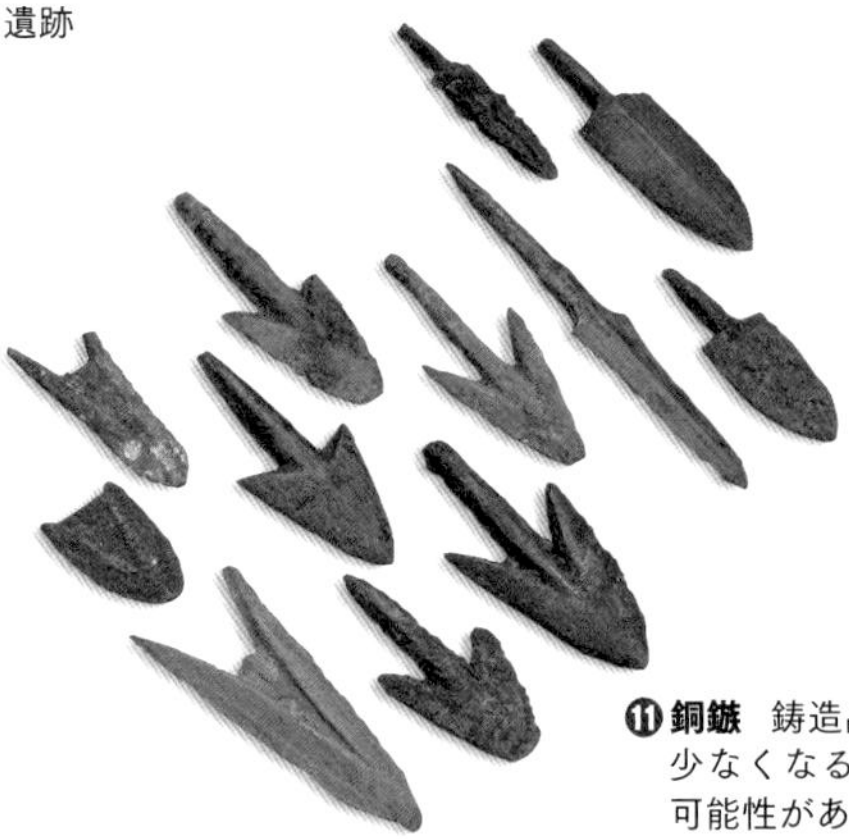

11 銅鏃　鋳造品ゆえに一度に多数製作できる。石器が少なくなる後期・終末期の主要な鏃になっていた可能性がある。後期・鳥取県青谷上寺地遺跡

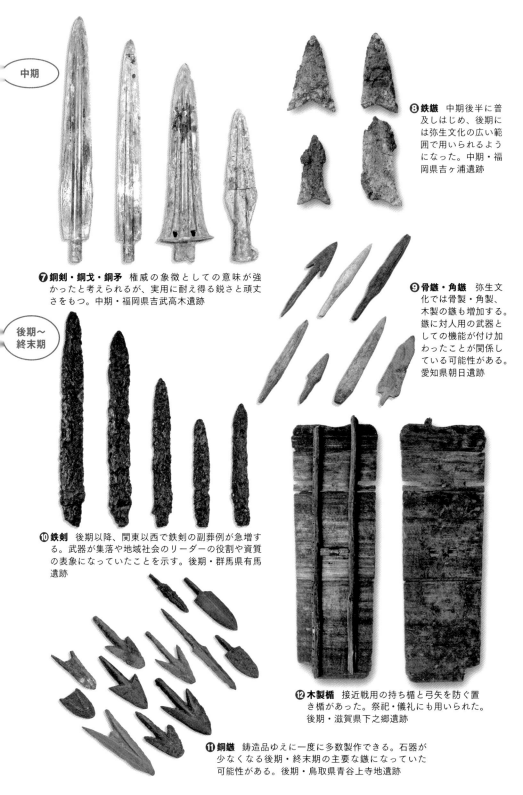

12 集団間の争い

弥生時代は、日本列島の人類の歴史のなかで集団と集団の争いがはじまった時代とされる。しかし、争いの実態についてはさまざまな意見がある。武器形の道具には実用品といえないものも多く、環濠集落や高地性集落の発達にも、争い以外の要因が絡んでいたからである。とはいえ、集団間の争いが生じていたこと、そしてそれが社会の変化と深く関係していたことは間違いなく、争いを過小評価してはならないと考える。

早期～前期

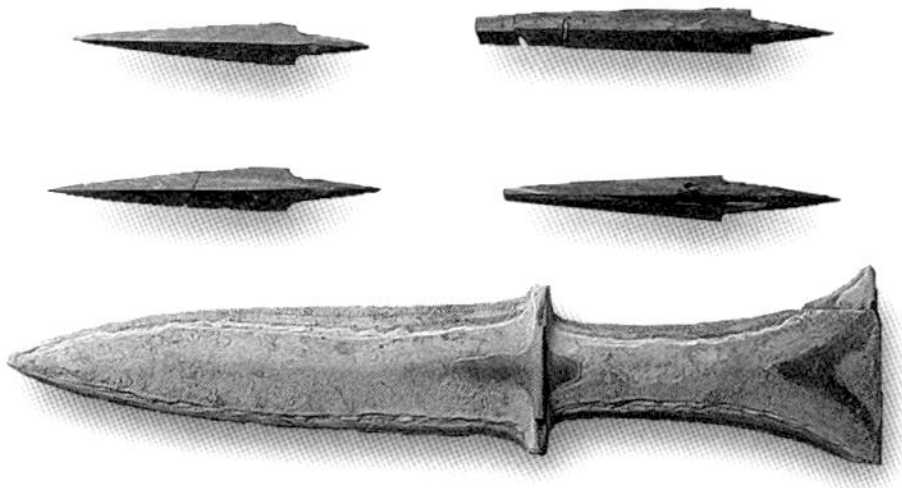

❶**朝鮮半島無文土器文化系の磨製石鏃**（上）**と磨製石剣**（下）　前期・福岡県久原遺跡

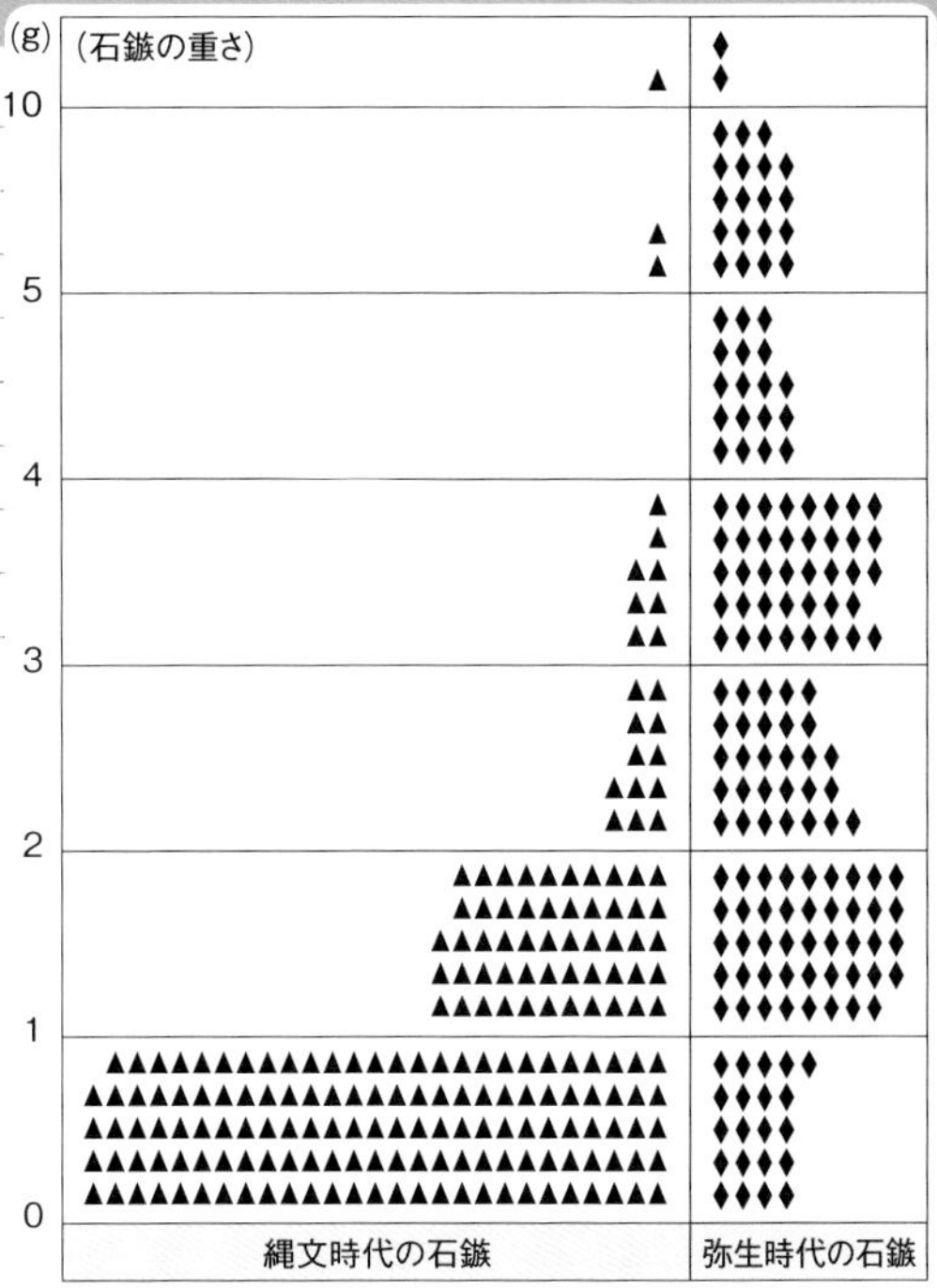

❷**近畿地方における縄文時代と弥生時代の石鏃の重さの変化**　弥生時代になると石鏃が重くなる。対人用の武器としての機能が加わったためと考えられている。

前期～中期

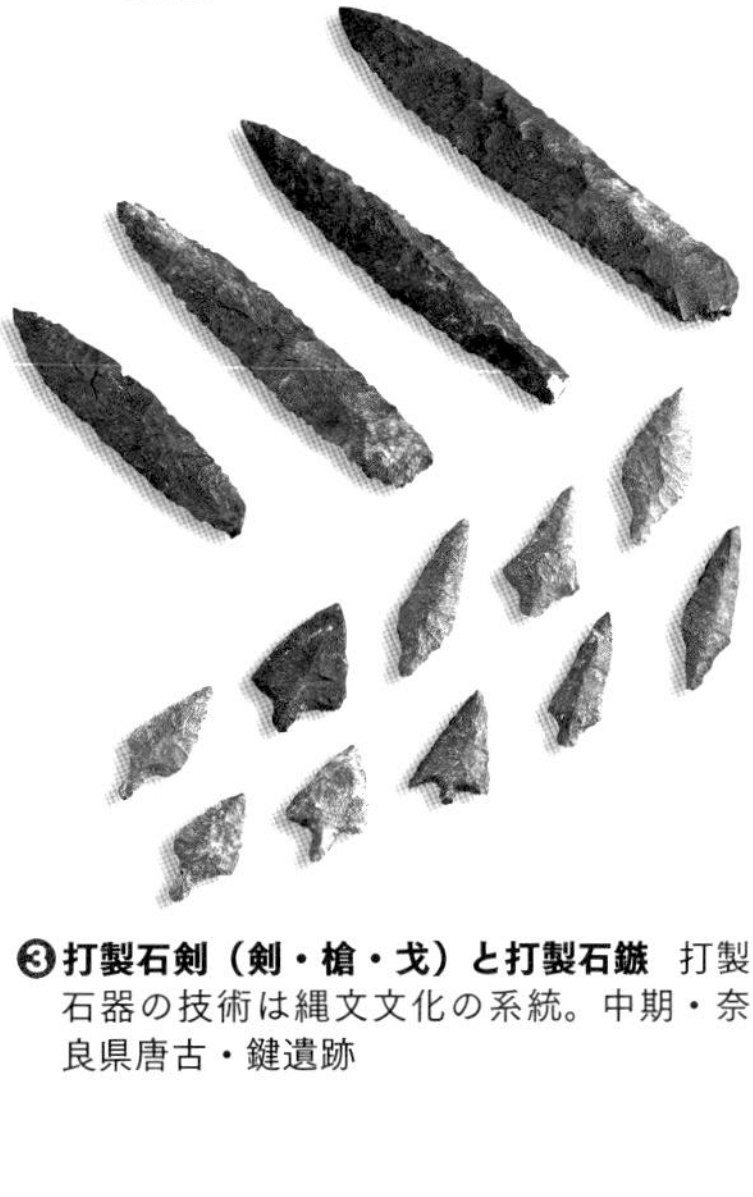

❸**打製石剣（剣・槍・戈）と打製石鏃**　打製石器の技術は縄文文化の系統。中期・奈良県唐古・鍵遺跡

❹**石剣が刺さった人骨**　背骨に刺さり折れた磨製石剣の切先。背後から刺されたことがわかる。中期・福岡県スダレ遺跡

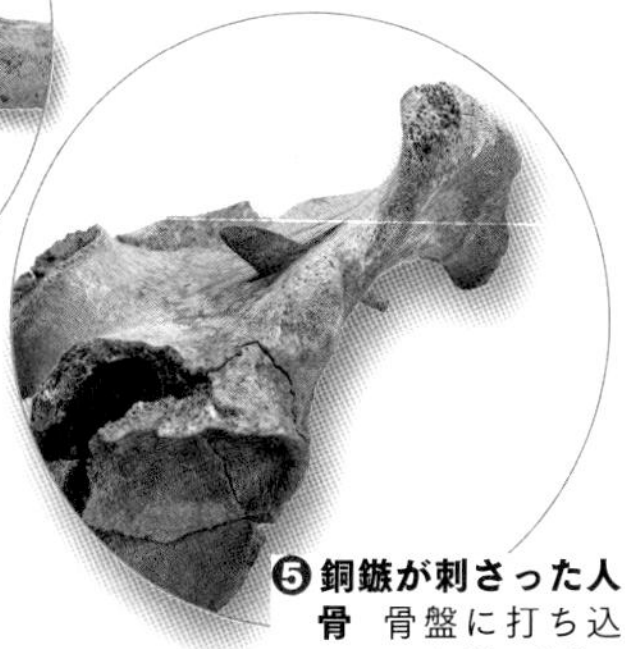

❺**銅鏃が刺さった人骨**　骨盤に打ち込まれた銅鏃。後期・鳥取県青谷上寺地遺跡

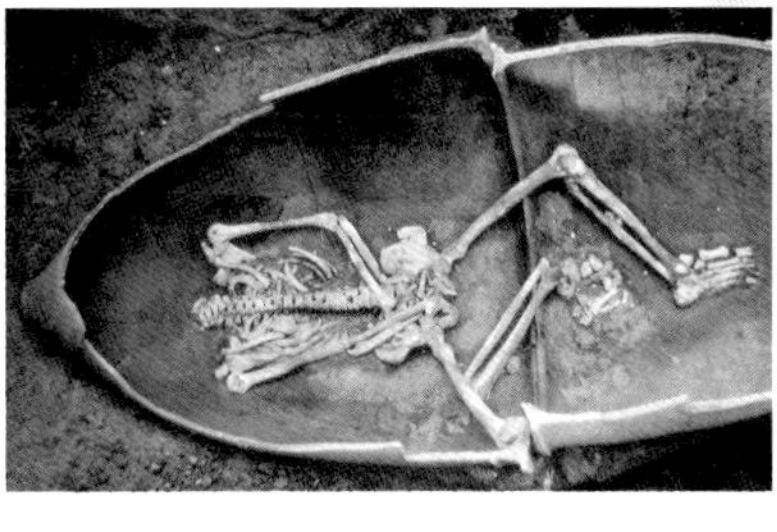

❻**頭蓋骨のない人骨**　集団間の争いの結果か？中期・佐賀県吉野ヶ里遺跡

13

墓からわかること

弥生文化の人口増加地域では、大規模集落の形成や、地域社会の成立、地域社会間の関係の進展などからうかがわれるように、時間の経過とともに社会の複雑化が進んでいました。当時の社会がどのような組織や構造をもっていたのかを探るには、集落遺跡（群）や遺物の分析に加え、墓のあり方（墓制）の研究が重要になります。

弥生文化では墓制も多様でした。やはり縄文文化と無文土器文化の系統が混じり合い、社会の変化を反映しながら、地域・時期ごとにさまざまな墓が生み出されていったからです。ただ私は人口増加地域の墓制の変化は、おおむね次の三段階にまとめられると考えています。

〈第一段階〉弥生文化初頭の無文土器文化系・縄文文化系の要素が色濃い集団墓の段階。

〈第二段階〉中期を中心とした地域色のある大規模集団墓の段階。

〈第三段階〉後期・終末期の埋葬される人が限定的となり墳丘をもつ墓が発達する段階。

段階といっても、それぞれ埋葬の具体的なあり方までもが一致していたわけではありません。子どもの扱いや、婚入・婚出者がどの墓地に埋葬されるのか、どんな人が特別な方法で埋葬されるのかといったことは、地域や時期によって異なっていました。しかしそうした違いはあっても、変化の大まかな方向に共通性がみられるということなのです。地域社会間の関係が深まっていくなか、社会変化の歩調がそろっていったからだと思っています。

九州北部では、弥生文化初頭に無文土器文化系の支石墓や木棺墓、縄文文化系の土器棺墓などからなる集団墓がみられ、前期末～中期に甕棺からなる集団墓へと移行します。甕棺の集団墓は大規模なものが多く、亡くなった人のほぼすべてが甕棺に埋葬されていたようです。集団墓に隣接して、集落や地域社会を束ねる**リーダー***たちを埋葬した、**墳丘墓**が形成されることも多く、中期後半には、九州北部の複数の地域社会を束ね、中国から「**王**＊」とよばれたリーダーの墓もつくられました。後期には甕棺からなる集団墓は急速に姿を消し、特定の人物や集団を埋葬した墓域（墳丘墓を含む）が形成されるようになります。このころから血縁によってリーダーの地位が継承されるような社会が出現していた可能性があります。

近畿から関東では、弥生文化初頭に縄文文化系の墓制がみられた後、前期末ころから無文土器文化系の方形周溝墓からなる大規模な集団墓が形成されるようになります。集落や地域社会のリーダーたちの墓と目される大規模な周溝墓も存在しますが、九州北部のような複数の地域社会を束ねるリーダーの存否は意見がわかれるところです。後期になると、例外はあるものの周溝墓の数が減少し、埋葬される人が限定されていったことがわかります。

終末期には、九州～関東の広い範囲に、地域社会や地域社会のまとまりのリーダーの墓と考えられる多様な墳丘墓が展開しますが、この点については後の章であらためて説明します。

＊文化人類学では、リーダー（部族社会のビッグマン）とチーフ（首長制社会の首長）を区別するが、考古学ではリーダーとチーフの区別がむずかしいことが多いため、ここではひとまず両者を合わせてリーダーとしておく。

＊王　「後漢書東夷伝」や「魏志倭人伝」には、倭の国々（地域社会）のいくつかに、「王」がいると記されている。地域社会のリーダーが、中国から「王」と表現されるほどの中心性を発揮していたことがわかる。

⑨大規模な甕棺墓列　中期の九州北部の大規模集落には、時に数百基に達する大規模な甕棺墓列が形成されることがある。当時の人びとのほとんどが甕棺に埋葬されていた可能性が高い。佐賀県吉野ヶ里遺跡

⑩大規模な方形周溝墓群　朝鮮半島無文土器文化系統の墓制。前期に近畿～東海地方で定着し、中期以降、弥生文化の広い範囲に広がった。方台部のほか溝内にも埋葬されることがある。中期の大規模集落では、数十～数百基以上の方形周溝墓群が形成されることも珍しくない。中期・滋賀県服部遺跡

⑪円形周溝墓群　周溝墓には円形のものも存在する。瀬戸内東部や北信地域等には円形周溝墓群がみられる。後期・長野県篠ノ井遺跡群

⑫リーダーたちの墳丘墓　甕棺墓列の一端に形成された集落あるいは地域社会のリーダーたちの甕棺を埋めた墳丘墓。佐賀県吉野ヶ里遺跡

⑬集落あるいは地域社会のリーダーの墓　中期後半の関東～近畿の広い範囲で、集団墓地から独立した大型の周溝墓がみられるようになる。中期・京都府日吉ヶ丘遺跡

⑭集落あるいは地域社会のリーダーの墓　後期には、リーダーのものと考えられる墓が目立つようになる一方、一般の人びとの墓が激減する地域が多い。後期・愛知県川原遺跡

弥生文化の墓制

弥生文化の墓制は、地域・時期ごとに実に多様である。ただし、そのあり方と変化の方向性には広範囲に及ぶ共通性が認められる。墓制は社会のあり方を反映しやすい。人口増加が進んでいた地域では、食糧生産の組織化が進み、生活必需品の外部依存度が高まるなかで、複数の集落からなる地域社会、およびそれらが結びついたより大きな社会の形成が、進み方の遅速をみせつつも同じように進んでいたのだろう。

①

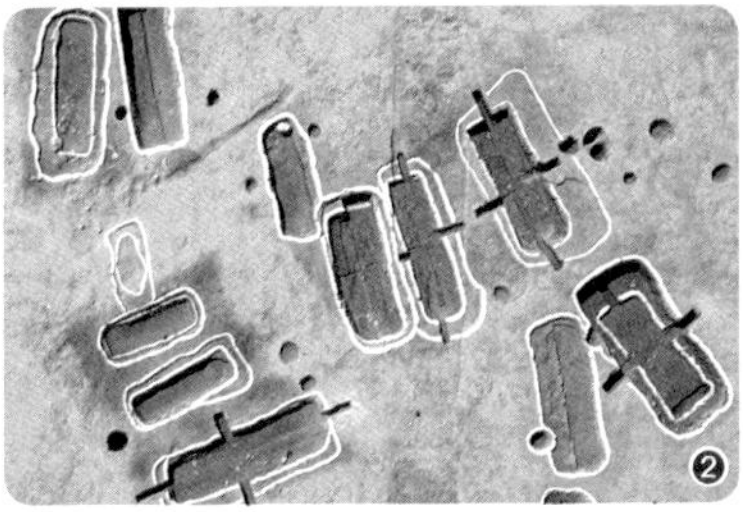
②

③

④

⑤

⑥

⑦

⑧

❶**支石墓**　九州北西部の早～前期にみられる、埋葬施設のうえに大きな石を載せた墓。朝鮮半島無文土器文化の系統。早期・佐賀県礫石Ａ遺跡

❷**木棺墓**　板材を組み合わせた棺を埋置する。朝鮮半島無文土器文化系統で、東日本を含めた弥生文化の広い範囲に定着した。早期・福岡県江辻遺跡

❸**石棺墓**　板石を棺のように配置する。縄文文化、大陸双方にみられる。前期・佐賀県大友遺跡

❹**甕棺墓**　専用土器を用いた九州北部独自の棺。中期に盛行する。後期に激減するものの終末期まで継続した。中期・佐賀県吉野ヶ里遺跡

❺**石蓋土壙墓と土壙墓**　土壙墓は遺骸を直接納める縄文文化の系統の埋葬方法。九州北東部では、木棺墓や石棺墓の影響で、石や板の蓋をもつものがみられる。中期・大分県野口遺跡

❻**礫床木棺墓**　床に礫を敷き、その上に板材で棺をつくる。中～後期の北信～北西関東に分布。縄文文化系統の石棺墓と弥生文化の木棺墓の要素の組み合わせか。中期・長野県柳沢遺跡

❼**土器棺再葬墓**　白骨化させた骨を土器に納める。中部～東北南部の前～中期に盛行。縄文文化の系統。中期・茨城県泉坂下遺跡

❽**土器棺**　乳幼児などの埋葬に日常使いの土器を用いたもの。弥生文化の広い範囲にみられる。中期・神奈川県大塚・歳勝土遺跡

14 弥生文化の世界観を探る

世界中のどんな文化にも、自分たちをとりまくさまざまな事象を理解するための、独自の観念の体系があります。そうしたみずからの世界を認識するための観念の体系を、ここでは**世界観**とよんでおきたいと思います。世界観は、そのなかで生きる人びとの思考や行為を方向づけるとともに、思考や行為を通じて維持されたり、変化していったりするものです。ですから、人びとの行為を理解しようとするのであれば、当然その行為の背景にある世界観を考慮に入れなければなりません。それは弥生文化の人びとの行為であっても同じです。

とはいえ、みずから文字による記録を残さなかった人びとの世界観を知ることは、通常困難です。ただ、弥生文化に限っては、幸運なことに世界観の一端を垣間みることのできる資料が少なからず存在しており、さらに人びとの生活や社会が大きく変化していたこともあって、世界観を推測するだけでなく、生活や社会の変化との関係についても考察できるという、とてもいい条件がそろっています。とりわけ注目されるのは、中期の青銅器や土器などに描かれた〈**絵画**〉です。なかでも銅鐸の〈絵画〉は、漫画のように複数の場面によって構成された例が多く、全体で何をあらわしているのかを推測するのにとても適した資料です。

銅鐸〈絵画〉の構造を詳細に分析した結果*、銅鐸に描かれた〈絵画〉のモチーフの選択とモチーフ間の関係には、厳密な約束事があることがわかりました。そこから読みとれることは、**自然・大地**と結びついた**メスジカ・女性**と、**人間世界・水**と結びついた**水辺の動物・建物・男性**との対立的関係、そして後者の優位性の強調です。同じ構成の〈絵画〉は、銅鐸以外の青銅器や土器にも認めることができ、その分布は九州から関東までの広範囲に広がっています。同じ場面を描いたと考えられる〈絵画〉が、遠く離れた地域でみつかることもあり、これらの〈絵画〉の背景に、なんらかの共通した物語があったとみて間違いなさそうです。

この物語の具体的な内容まではわかりません。わかるのは、その物語の主題が、**水と親和的な人間（男性）が自然の一部や大地に打ち勝つ**ことにあるという点だけです。ただ、『**古事記***』の神代記からも同様の主題を読みとることができますし、『**風土記***』にも〈絵画〉と関係するようにみえる物語があります。とすると、これらの〈絵画〉の背景にあった物語は、後の**日本神話**につながる弥生文化の〈**神話**〉だった可能性が考えられることになります。

中期の〈絵画〉で注目されるのは、その分布が、水田稲作中心の生活が営まれ、人口が増加し、大規模集落や地域社会の形成が進んだ地域の範囲と重なることです。つまり、中期の〈絵画〉の広がりは、人びとが、自然あるいはその一部と対峙し、みずからの手で世界を切り開くという観念をもちはじめたことを示している可能性があります。自然に対する人間の力を自覚しはじめたことで、弥生文化以降の社会は、大きく複雑になっていく道を進むことになったのです。

*安藤広道「弥生時代「絵画」の構造」『原始絵画の研究　論考編』六一書房　二〇〇六年

*『**古事記**』　六世紀に成立した『旧辞』『帝紀』をもとにし、七一二年に完成したとされる日本最古の歴史書。天地が形成されて以降、推古天皇までの神話・説話・歴史が記される。

*『**風土記**』　奈良時代の元明天皇の詔により、各地の国庁が編纂した地誌。『出雲国風土記』のほぼすべてと、『播磨国風土記』『肥前国風土記』『常陸国風土記』『豊後国風土記』の部分が残っている。

❺桜ヶ丘1号銅鐸の〈絵画〉の構造　連作4銅鐸より100年以上も前につくられた銅鐸の〈絵画〉。水と親和的な人間が、シカ(大地)と対立的な関係にあり、優位に立つという、まったく同じ構造が認められる。中期

❻地域・時期を超えて共通する〈絵画〉　上は中期の神奈川県伊勢山遺跡出土土器の〈絵画〉、下は後期の三重県上箕田遺跡出土土器の〈絵画〉。地域・時期を超えて同じ構図が描かれている。同じ「物語(神話)」の存在を想定したい。

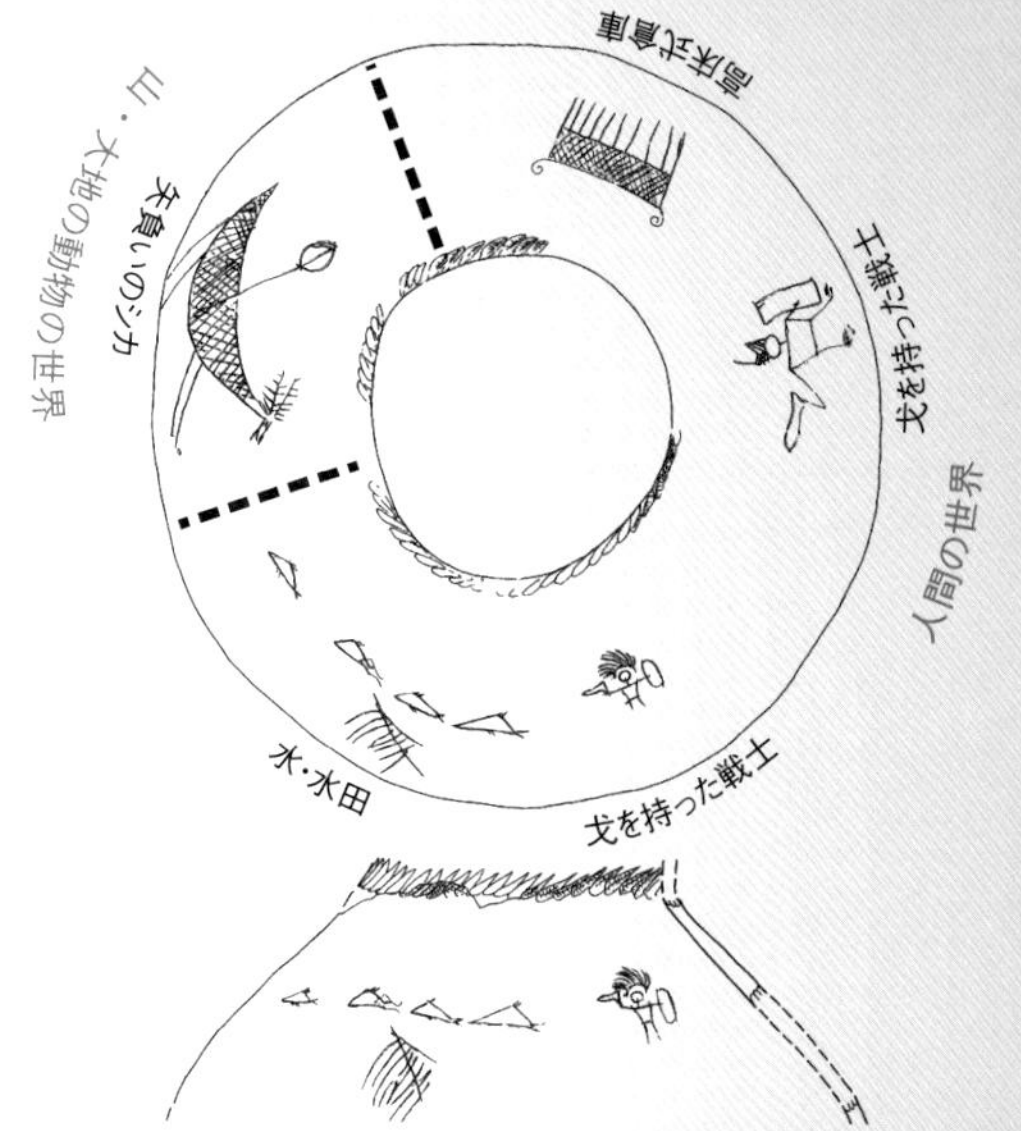

❼土器に描かれた〈絵画〉の構造　中期には関東から九州の広い範囲に〈絵画〉をもつ土器が散見されるようになる。全体のわかる事例をみると、水・水田と関係する人間が、シカ(大地)と対立し優位に立つという同じ構造をもつものが多いことがわかる。奈良県清水風遺跡

❽立体造形の動物たち　〈絵画〉の物語(神話)は、こうした立体物でも表現されていたのだろう。
左：シカまたはイヌ、後期・埼玉県西原大塚遺跡、
右：イノシシ、中期・山口県宮ヶ久保遺跡

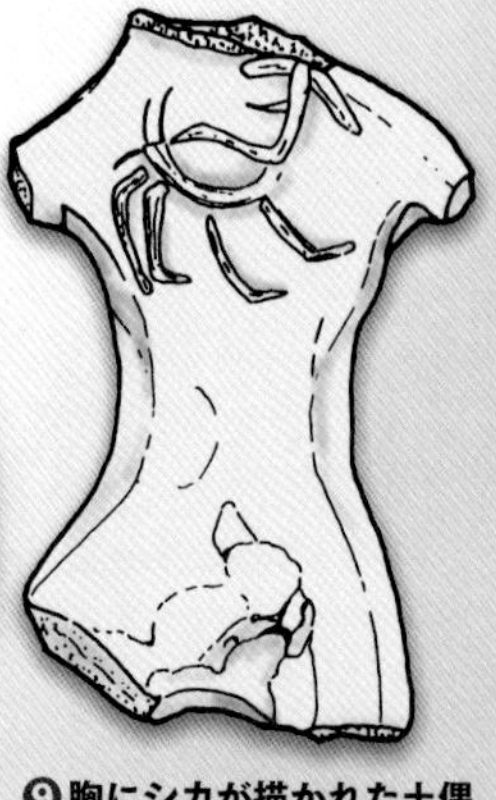

❾胸にシカが描かれた土偶
土器の〈絵画〉にも同様の例があり、女性とシカの関係を示す。中期・石川県八日市地方遺跡

14 弥生文化の世界観

文字記録を残さない先史文化の世界観の研究はとてもむずかしい。しかし、豊富な〈絵画〉資料が残る弥生文化は、数百年後の古代の神話を知ることができることもあって、世界観の研究を進めやすい稀有な先史文化といっていい。私は、弥生文化における、急速な人口増加や大規模な集落の形成、社会の拡大と複雑化を理解する鍵は世界観の解明にあると考えている。

❶

❸

❶兵庫県桜ヶ丘5号銅鐸
❷伝香川県出土銅鐸
❸カマキリ、カエル、アメンボ？（桜ヶ丘5号銅鐸） 桜ヶ丘4号・5号銅鐸、谷文晁旧蔵銅鐸、伝香川県出土銅鐸の4つは、「連作4銅鐸」とよばれ、1人の作者によってつくられた銅鐸群と考えられる。漫画のコマのように〈絵画〉が描かれている。中期

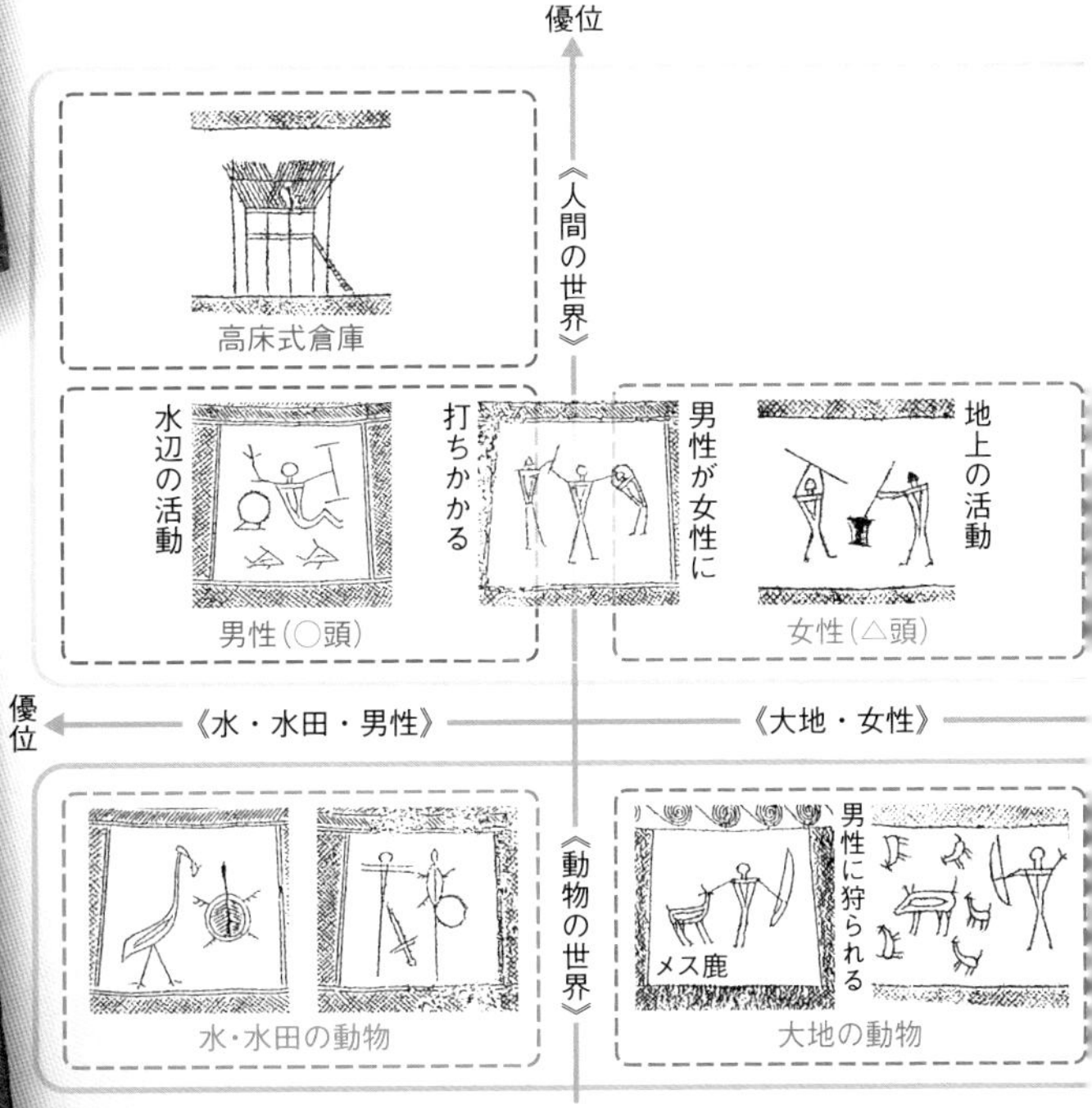

❹連作4銅鐸の〈絵画〉の構造 人間と自然、水・水田と大地、男性と女性という3つの対立軸があり、それぞれ前者が後者の優位に立つという構造を読みとることができる。

❷

15 弥生文化をとりまく世界

弥生文化のはじまりに朝鮮半島無文土器文化が深く関わっていたことは前に述べましたが、弥生文化は、その後も周辺の〈文化〉や社会との関係のなかで変化を遂げていきました。

前期以降も、朝鮮半島南部の無文土器文化と**三韓文化***は、九州北部一帯の弥生文化と密接な関係にありました。彼の地の特徴をもつ土器や青銅器、鉄器などが出土するほか、青銅器の素材・製作技術といった大陸系の文物や情報の大半は、朝鮮半島南部を経由して弥生文化にもたらされていたと考えられます。九州北部には朝鮮半島南部からの移住者の集落と考えられる遺跡があり、彼らが青銅器などの技術を伝えるとともに、交流を仲介する役割を担っていたと考えられます。一方で九州北部の特徴をもつ土器や青銅器も朝鮮半島南部で発見されており、同様に移住者の集落もみられます。対馬海峡は、弥生文化と朝鮮半島南部の〈文化〉を隔てる境界であったと同時に、両者を結び付ける交流の場でもあったわけです。

三韓文化のはじまりは、紀元前一〇八年、朝鮮半島北部に**前漢***の出先機関である**楽浪郡***が設置されたことと関係します。それとともに、弥生文化にも中国系の文物や技術が入ってくることになりました。九州北部や西日本の一部の地域社会や地域社会のまとまりのリーダー

＊**三韓文化**　04章参照。

＊**前漢**　紀元前二〇六〜紀元後八年の中国の王朝。前漢が朝鮮半島北部の衛氏朝鮮を滅ぼして楽浪郡等を設

たちは、楽浪郡を介して前漢と接触しはじめ、後期になると、より広い範囲の地域社会が、**新**や**後漢**と関係をもつようになりました。青銅鏡や青銅器製作用の青銅素材、高度な技術や知識といった中国系の文物や情報は、後期の西日本一帯の地域社会のリーダーたちにとって不可欠なものになっていたと考えられます。こうした、中国・朝鮮半島の社会・〈文化〉との交流は、次章で説明する鉄や鉄器の入手と絡んで、地域社会のリーダーの役割の拡大と社会の複雑化を加速させ、弥生文化の社会の変化を方向づけるものとなりました。

一方、奄美・沖縄諸島の**貝塚文化***、北海道の**続縄文文化***も、弥生文化と深い関係にあったことが知られています。奄美・沖縄諸島産の美しい貝は、おもに九州北部で権威や職能をあらわす腕輪の材料として珍重されました。また、彼の地の海産物は、九州北部の地域社会のリーダーたちにとって、大陸と交流するための重要な交換財になっていたと考えられます。

北海道南部の続縄文文化と東北北部の弥生文化は、土器をはじめとする生活の道具に共通性があり、津軽海峡をはさんで日常的な交流が活発だったことがうかがわれます。続縄文文化との関係を示すモノは、**離頭銛**《りとうもり》などの漁撈具から**熊形土製品**といった祭器まで多岐に及んでおり、一方で弥生文化系の**管玉**《くだたま》や、暖かい海でしか獲れない貝の装飾品などが北海道で発見されています。弥生文化において鉄器を含むさまざまなモノの交換が活発になっていくなか、続縄文文化の文物や海産物などが弥生文化の人びとにとって重要な交換財になり、また続縄文文化も、こうした弥生文化との関係のなかで変化を遂げていくのです。

置したことで、以後、朝鮮半島や弥生文化が、漢の文化の影響を強く受けることになった。

***楽浪郡**　紀元前一〇八年に朝鮮半島に設置された四つの郡のひとつで、その後、ほかの三郡（真番、臨屯、玄菟）が廃止や縮小されたため、長く漢の朝鮮半島北西部支配の拠点となった。

***貝塚文化**　04章参照。

***続縄文文化**　03章参照。

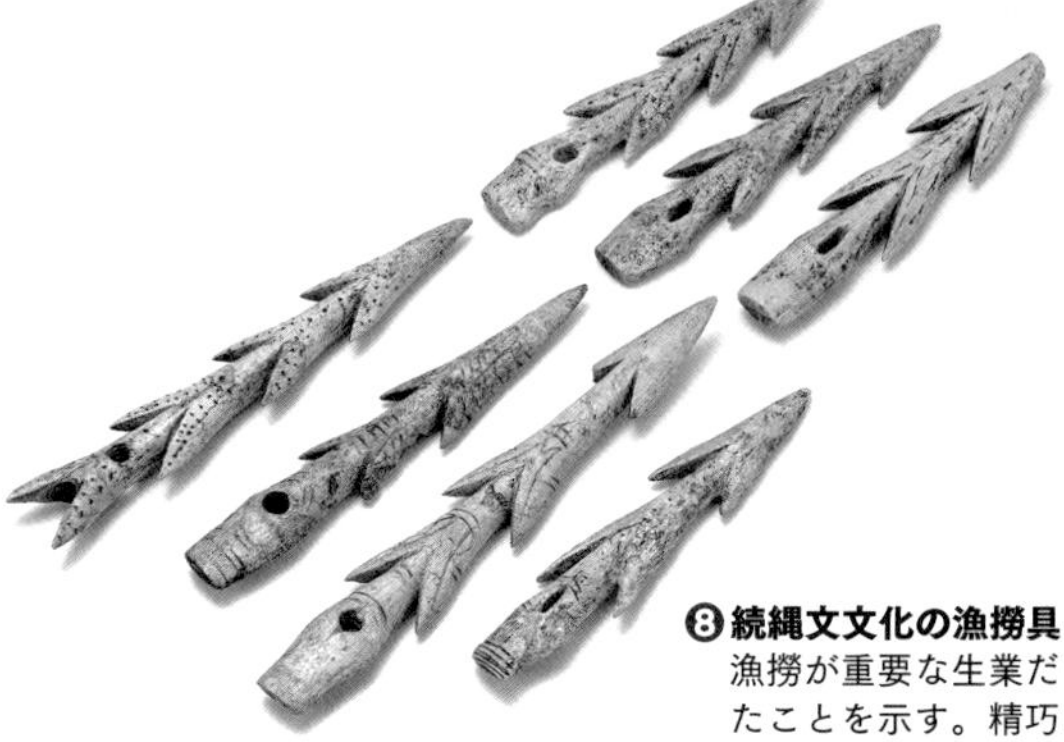

❽ **続縄文文化の漁撈具**　漁撈が重要な生業だったことを示す。精巧なつくりで装飾をもつものもみられる。東日本の弥生文化の漁撈具にも影響を与えた。前期続縄文文化・北海道有珠モシリ遺跡

❾ **北陸の玉類**　北陸は玉類生産の中心地。ヒスイや碧玉等の玉類は、諸文化との交易の重要なアイテムだったと考えられる。後期・福井県林・藤島遺跡

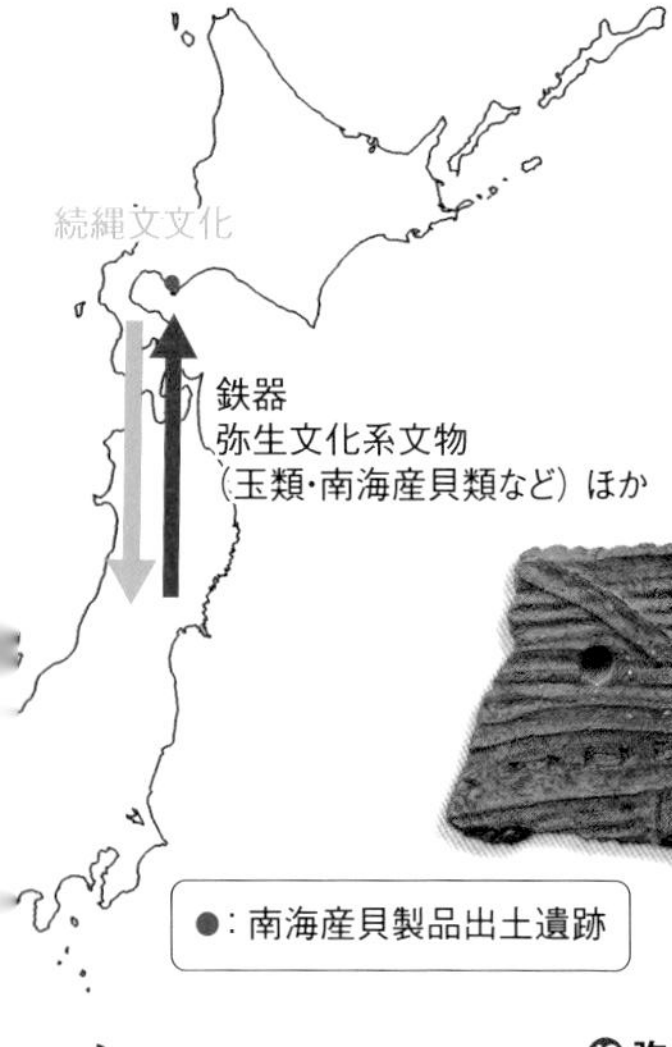

❿ **弥生文化の遺跡から出土した続縄文土器**　終末期・新潟県内越遺跡

⓫ **副葬された北陸産の管玉**　前期続縄文文化・北海道紅葉山33号遺跡

❼ **弥生文化との交易のために貯蔵したイモガイ**
後期貝塚文化・沖縄県嘉門貝塚遺跡

⓬ **イモガイ製腕輪**　貝の産地は、奄美・沖縄諸島や伊豆諸島と考えられる。
前期続縄文文化・北海道有珠モシリ遺跡

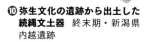

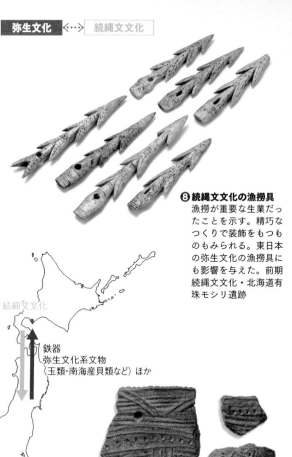

15 弥生文化をとりまく諸文化

弥生文化は我々の歴史観によって設定された考古学的文化である。そしてひとつの考古学的文化の設定には、同時にその文化をとりまく多くの文化の設定が不可欠となる。弥生文化を研究し理解を深めるためには、弥生文化をとりまく諸文化との人やモノの流れを細かく把握することが必要である。

弥生文化 ⟺ **無文土器文化・三韓文化・楽浪郡**

❶多鈕細文鏡 無文土器文化の青銅鏡。九州北部に出土例がまとまるが、一部近畿や中部にまでもたらされていた。大阪府大県遺跡、径 21.7cm。

❷楽浪土器（左）**と三韓土器**（右） 楽浪土器の出土例はほぼ九州北部に限られる。中期後葉から出土し、楽浪郡からの来訪者も少なからずいたようである。三韓土器（陶質土器）も同じころ九州北部で出土しはじめるが、後期には近畿や東海地方でもみられるようになる。後期・長崎県カラカミ遺跡

❸朝鮮半島南部製の鉄剣 柄の先などに渦巻状の装飾をつけた鉄剣。その入手過程の解明が急がれる。後期・長野県根塚遺跡、長 74cm

弥生文化 ⟺ **貝塚文化**

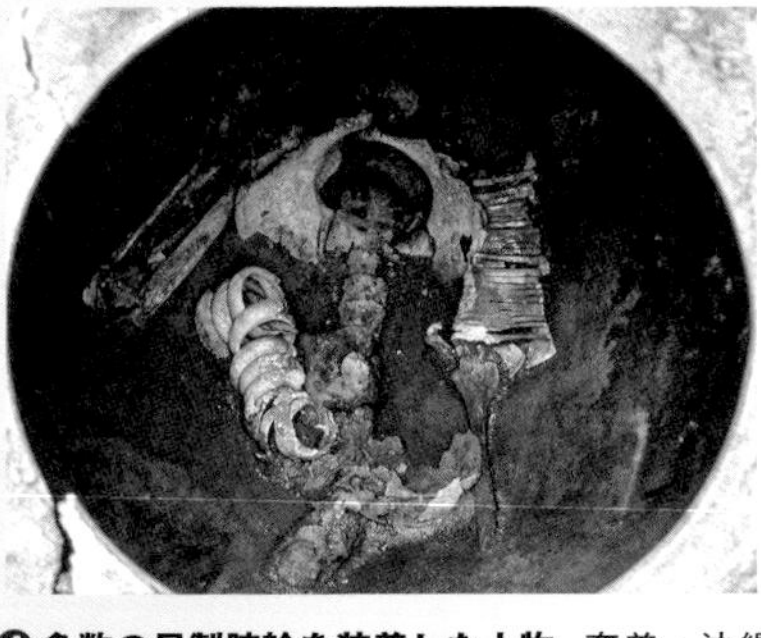

❹多数の貝製腕輪を装着した人物 奄美・沖縄諸島産の貝でつくられた腕輪は、前期以降の九州北部において、リーダーやシャーマンなどの社会的役割を表象するアイテムになっていたようである。中期・佐賀県吉野ヶ里遺跡

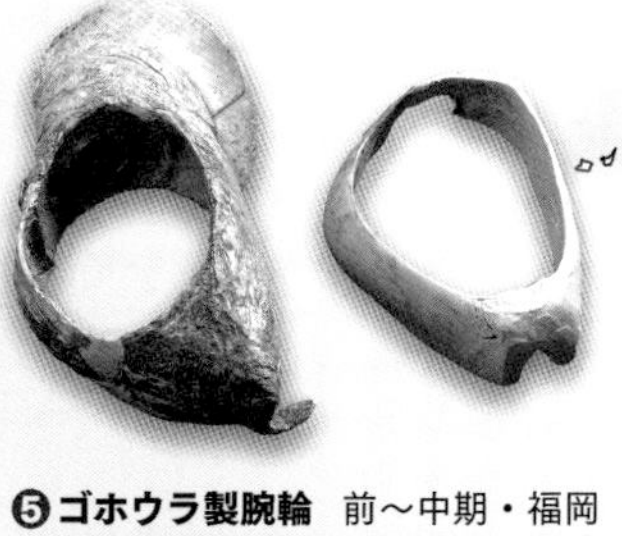

❺ゴホウラ製腕輪 前～中期・福岡県金隈遺跡（左）、諸岡遺跡（右）

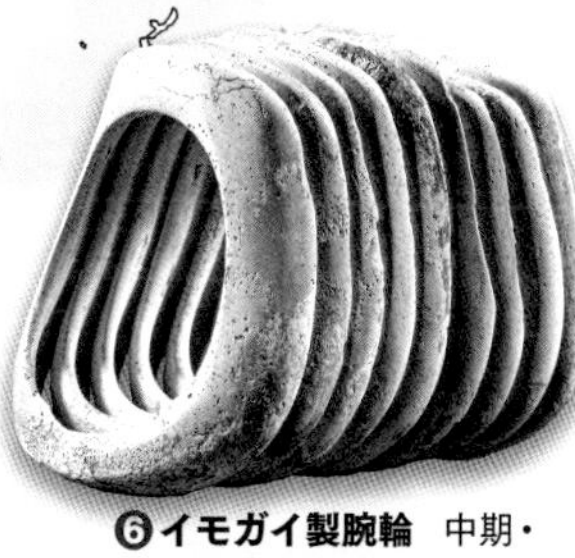

❻イモガイ製腕輪 中期・佐賀県大友遺跡

16 石製利器から鉄製利器へ

07章で述べたとおり、弥生文化でも石製**利器***は盛んにつくられ使われていました。一方で、弥生文化は、鉄製利器（鉄器）が定着し、石製利器にとってかわった文化でもありました。

弥生文化最古の鉄器の出土例は、中期初頭（紀元前四世紀）に遡ります。*中国東北部でつくられた鉄器が朝鮮半島経由でもたらされたものです。以後、中期前半まで九州北部を中心に出土例が散見されるようになりますが、これらも中国や朝鮮半島でつくられたものと、それらを石器のように打ち欠いたり研いだりしたものでした。鉄器が存在するとはいえ、このころはまだ石製利器が人びとの暮らしを支えていたといっていいでしょう。

鉄器がしっかりとした役割を担って生活のなかに定着するのは、中期後半から、とりわけ紀元前一世紀以降だったと考えられます。大陸に近い九州北部では、鉄器の出土数が急増し、いち早く鉄器が利器の中心になったと考えられます。各種斧やナイフなどの工具、鏃や剣といった武器などの多様な器種がみられ、中国・朝鮮半島製の鉄器のほか、そのかけらや鉄素材などを日本列島内で鍛冶加工したものが中心になります。中国・四国以東における鉄器の出土数はけっして多くありませんが、鉄器自体は各地に広がっていたようで、たとえば南関

*利器　ここでは刃をもつ道具を便宜的に利器とよんでおく。

*かつては弥生文化の初頭から鉄器が存在するとされていたが、二〇〇五年以降、弥生文化の開始年代が修正されるなかで徹底した再検討がなされ、確実な鉄器の出土例は中期初頭と考えられるようになった。

東でも、中期の終わりころには伐採用の石斧が少なくなるなど、鉄器の影響が少なからずみられるようになります。

後期になると、九州から関東までの広い範囲で鉄器が利器の主体を占めるようになったようです。もちろん、中期と同様、九州以外では鉄器の出土数が多いとはいえず、終末期まで石器が残る地域もあります。ただ南関東でも、後期のはじめ（紀元後一世紀前半）には石製利器がほぼ消滅しますし（これは間違いありません！）、東北でも石器組成に大きな変化がみられますので、**弥生文化の広い範囲で鉄器が生活に欠かせない道具になっていたことだけは確かです。**＊さらにいえば、鉄器は続縄文文化にまで及んでいたと考えられます。

とはいえ、弥生文化には、まだ砂鉄や鉄鉱石から鉄を製錬する技術はありませんでした。それだけでなく、鉄素材や鉄器破片から鉄器をつくる技術も、東海西部以西の限られた集落にしかなかったようです。つまり西日本でも鉄器の多くや鉄素材は大陸製であり、東日本では、鉄器のほぼすべてを西からの供給に頼っていたことになります。

鉄器が生活必需品になるということは、その安定的な入手が、各地の地域社会の生命線になることを意味します。そのために地域社会間の関係の安定が求められ、遠方の地域社会との交流も活発になっていきました。また、鉄器の安定的な入手には、交換するモノを地域社会内で集めなければなりませんし、一方で入手した鉄器を地域社会内で分配する仕組みも必要です。こうして、鉄器の普及は、それまでとは異なる、地域社会内や地域社会間の関係の形成をうながし、以後、社会の複雑化と表裏一体になって進行していくことになるのです。

＊鉄製利器の普及については、木製品・骨角器の加工痕の分析からも指摘されている（樋上昇ほか『シンポジウム記録一〇　木製品からみた鉄器化の諸問題』考古学研究会東海例会編、二〇一七年）。

❸大陸製鉄斧と弥生文化製鉄器
中～後期・大阪府古曽部・芝谷遺跡

❹弥生文化製の鉄器（左）中～後期・鳥取県青谷上寺地遺跡
❺大陸製鉄斧と再加工品（上）中～後期・鳥取県青谷上寺地遺跡

弥生終末期

❾鉄器製作集落と製作道具　兵庫県五斗長垣内（ごっさかいと）遺跡。後期の鍛冶炉を備えた住居址が複数検出され、金床にした台石や熱した鉄を叩く石槌なども出土した。

❿鉄器製作の再現実験

⓫大陸製の長い剣と刀
後期～終末期には、弥生文化の広い範囲で鉄製武器の副葬例が増加する。後期・鳥取県宮内第１遺跡（左から２本目：長 94.5cm）

弥生文化における鉄器の定着と普及の実態、そして社会変化に果たした役割をめぐっては、現在も意見が分かれている。しかし、後期になると関東の集落遺跡でもほとんど石製利器が出土しなくなるため、鉄器の普及を低く評価し過ぎるのも現実的ではない。鉄器が生活必需品になっていく背景に、地域社会間の盛んな交流があったことは疑いなく、そうした状況が、古墳文化における列島規模の社会の形成の基盤になったと考えたい。

紀元前４世紀　紀元前２世紀

弥生中期初頭　**弥生中期前半**　**弥生中期後半**

鉄器の出土例

❶ **初期の鉄器**　大陸製の鉄斧を再加工したもの。中期初頭・愛媛県大久保遺跡

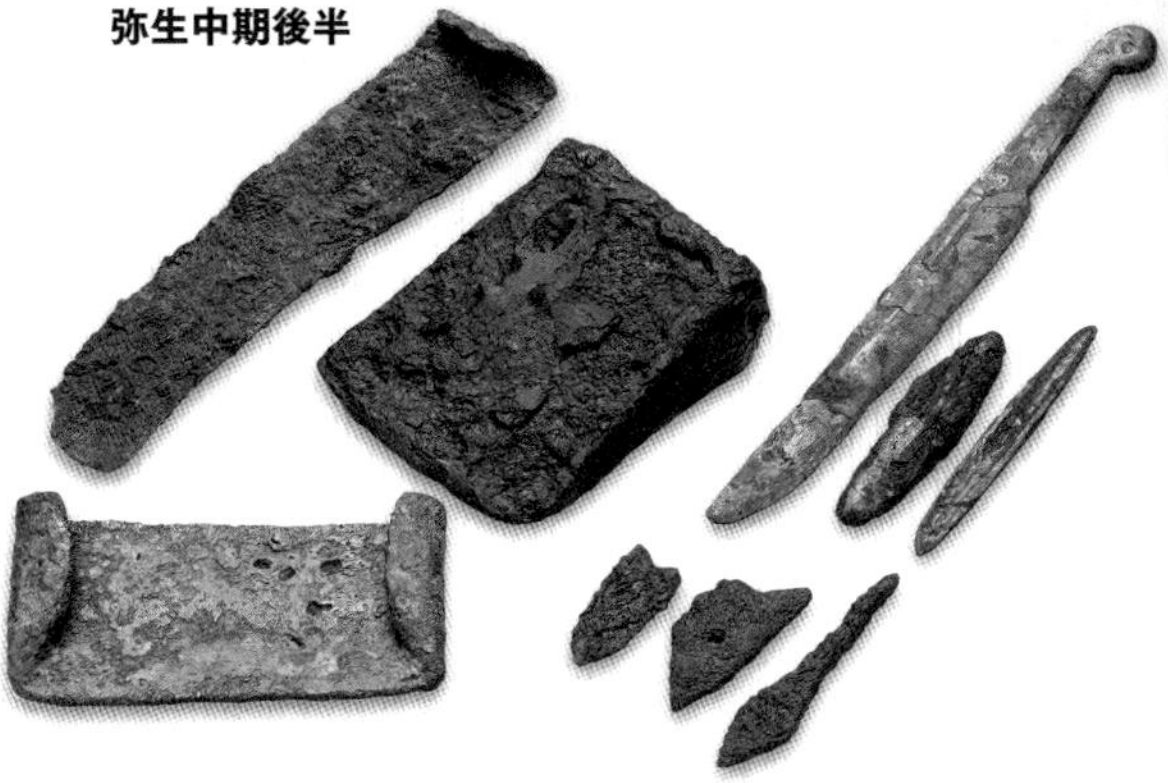

❷ **九州北部の鉄器**　さまざまな鉄器がみられる。大陸製の鉄器とそれらを再加工した鉄器、弥生文化において鍛造したものが含まれる。中～後期・佐賀県吉野ヶ里遺跡

１世紀前半

弥生後期

関東

❻ **関東における初期の鉄器**　加工斧、ノミ、ナイフなどが出土したが、大陸製・西日本製の鉄器を折ったり磨いたりして再加工したものが多い。中期・神奈川県砂田台遺跡

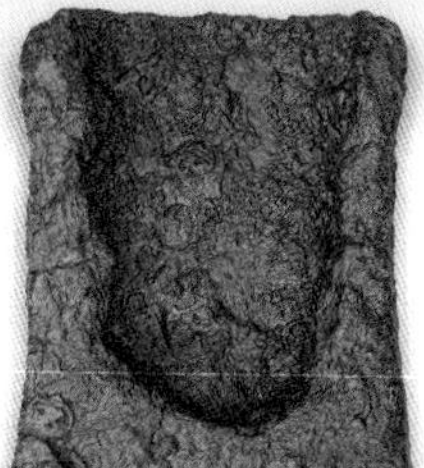

❼ **関東出土の大陸製鉄器**
中期・埼玉県向山遺跡

❽ **螺旋状腕輪**　軟鉄を細く薄い帯状に加工し螺旋状に巻いた腕輪。北信～関東から多数出土する。高度な技術で製作されており、製作地の解明が急がれる。後期・東京都七社神社前遺跡

17 祭祀の変質

11章で説明したように、中期の東海西部以西では、人口増加と社会の複雑化とともに、地域社会内外の相互依存的関係を維持するため、銅鐸や各種武器形青銅器を用いた祭祀が発達していました。後期になると、そのあり方に大きな変化がみられるようになります。

中期に発達した青銅製祭器のうち、後期に継続したのは近畿、東海西部一帯の銅鐸と、九州北部一帯の銅矛・銅戈です。銅剣祭祀を発達させていた山陰や瀬戸内では、突然これを打ち切ってしまいました。また、中期の銅鐸には、複数の製作集団によってつくられたさまざまな大きさ、形、装飾のものがみられたのに対し、後期になると大型で画一的な、**近畿式**と**三遠式**《さんえん》の二つの系統（製作集団）のもののみとなり、さらに時期を追うごとに急速に巨大化を遂げていきます。九州北部の銅矛や銅戈も、銅鐸の変化と呼応するように、**広形**とよばれる画一的で大型のものが生産されるようになりました。

大型化すれば製作に必要な青銅の量は増加します。後期の青銅器は、ほぼすべてが特定の華北産鉛を含む青銅素材を用いています。九州北部、近畿、東海西部一帯の地域社会のまとまりでは、それぞれの中心的リーダーの下で生産した青銅器を仲間の地域社会に配り、祭祀と埋納を通して消費していくことで連帯を維持しようとしていたのでしょう。そして、その大型化や量産にみられるように、それぞれ競うように青銅器祭祀を拡大させていったのです。

これらの地域では、後期になっても人口の増加がつづいていたことが想定されます。一方、前章のとおり、後期には鉄器が広い範囲で生活必需品になっていたほか、鉄器以外の生活必需品の外部依存度も高まっていたと考えられます。つまり後期は、人口の増加と、鉄器を含めたモノの生産量・流通量の増加が相まって、地域社会間の関係が深まり、それとともに社会の仕組みが複雑化していった時期なのです。

モノの生産量・流通量の増加は、交換財を集め、他の地域社会との交渉をおこない、入手したモノを地域社会内に分配するリーダー（たち）の役割の拡大に結びつきます。また、地域社会が地域社会間の関係に多くを依存しはじめると、複数の地域社会からなる大きな社会が形成され、その中心となる地域社会のリーダーが、中国・朝鮮半島を含む対外交渉の代表者になるとともに、地域社会間の利害を調整する役割を担うようになっていきます。

つまり後期は、人びとの生活において、複数の地域社会からなる大きな社会の存在が不可欠になっていき、同時に地域社会や地域社会のまとまりのリーダーたちの役割が大きくなっていった時期なのです。後期における青銅器祭祀の変質の背景には、地域社会や地域社会のまとまりのリーダーが、青銅器の製作・分配・消費を差配することによって、複雑化していった新たな社会の仕組みを維持する、という意味があったのだと考えられます。

d

❹**銅鐸の大きさの変化**　中期の銅鐸は、大・中・小・極小につくり分けられていたが、後期になるとつくり分けはなくなり、全体が急速に大型化していく。

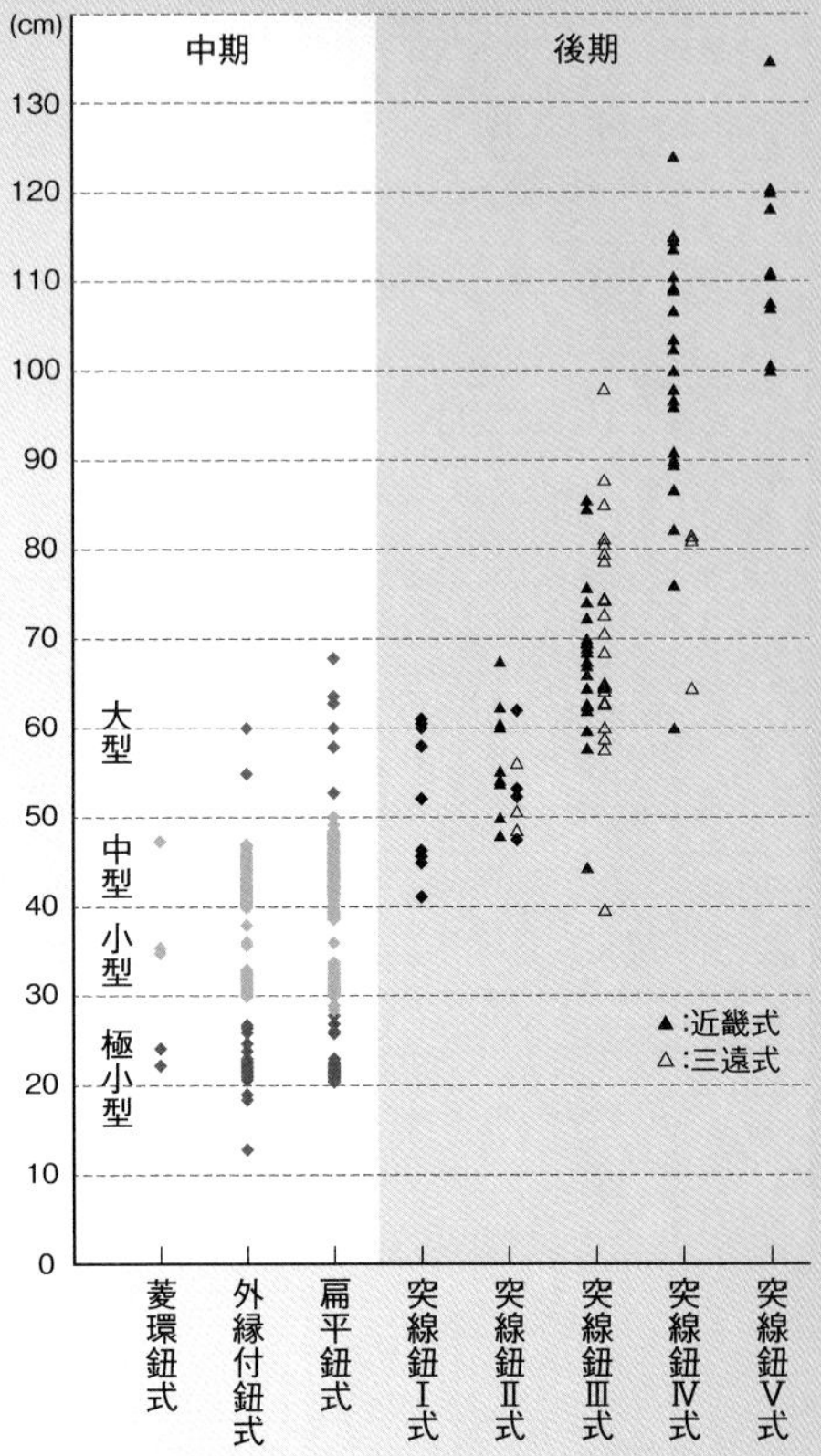

c　三遠式銅鐸　突線鈕Ⅲ式、静岡県悪ヶ谷、高62.9cm

d　近畿式銅鐸　突線鈕Ⅴ式、滋賀県小篠原大岩山、高134.7cm（最大の銅鐸）

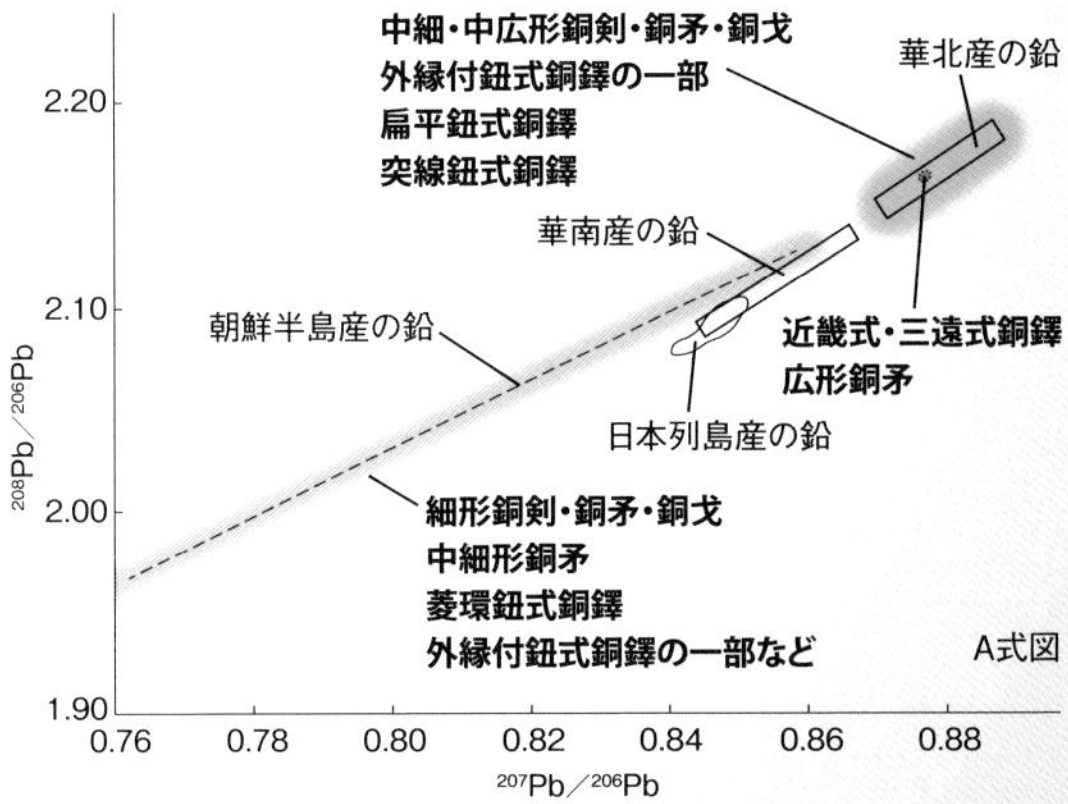

❺**青銅器に含まれる鉛の産地**　青銅に混ぜられることの多い鉛は、同位体比分析によって産地の推定が可能である。近畿式・三遠式銅鐸と広形銅矛に含まれる鉛はいずれも同一の同位体の構成をもっている。九州北部も近畿も東海も、それぞれ後漢から、華北の特定産地の鉛を用いた同じ青銅素材を入手して大型青銅祭器を製作していた可能性が高い。

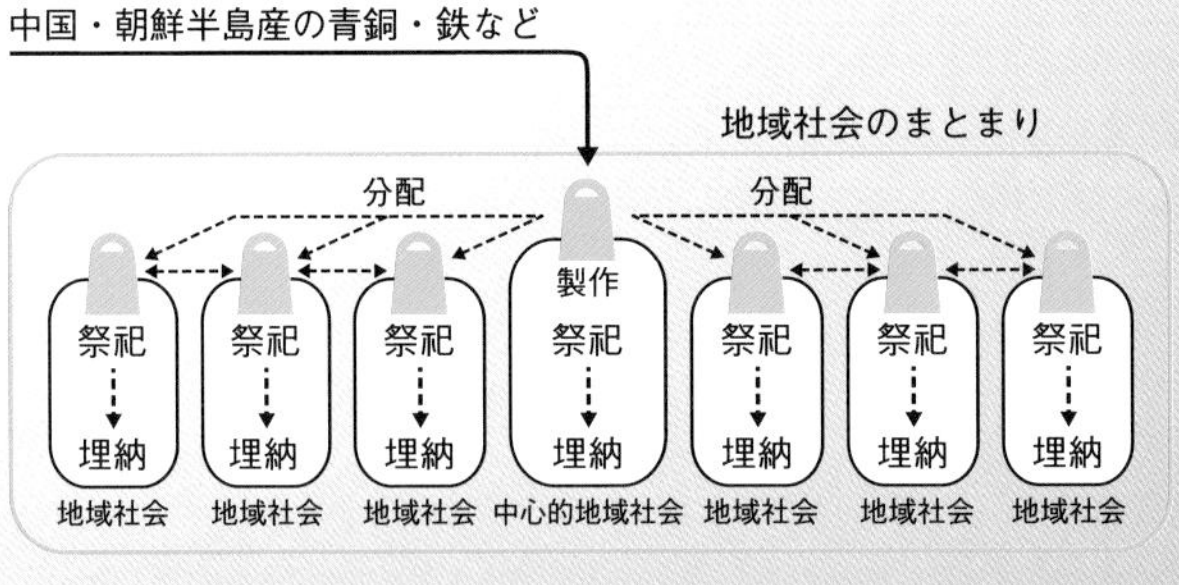

❻**大型青銅祭器によって結びついた地域社会**　中心的な地域社会が中国や朝鮮半島と交易をおこない、青銅素材や鉄器を入手する。青銅祭器の製作・分配、祭祀による埋納を通して、地域社会間の結びつきを強固にする。

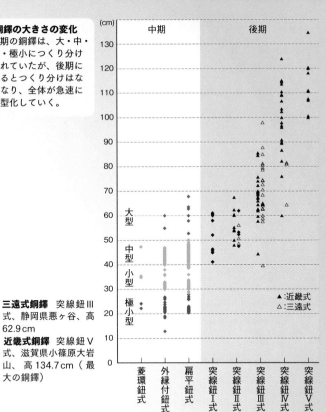

17 大型青銅器祭祀

後期、複数の地域社会からなる大きな社会が形成され、地域社会や地域社会のまとまりのリーダーの役割が大きくなっていくと、社会をまとめるための祭祀や儀礼も変化していく。大型青銅器祭祀は、中期の祭祀を継承しながら、それを、より大きく複雑になった社会の仕組みに応じて変質させたものなのだろう。

a

b

c

❶ 後期後葉の大型青銅祭器・墳丘墓の分布　それぞれの分布は、大型青銅祭器や墳丘墓の祭祀によって結びついた地域社会のまとまりの範囲を示している。

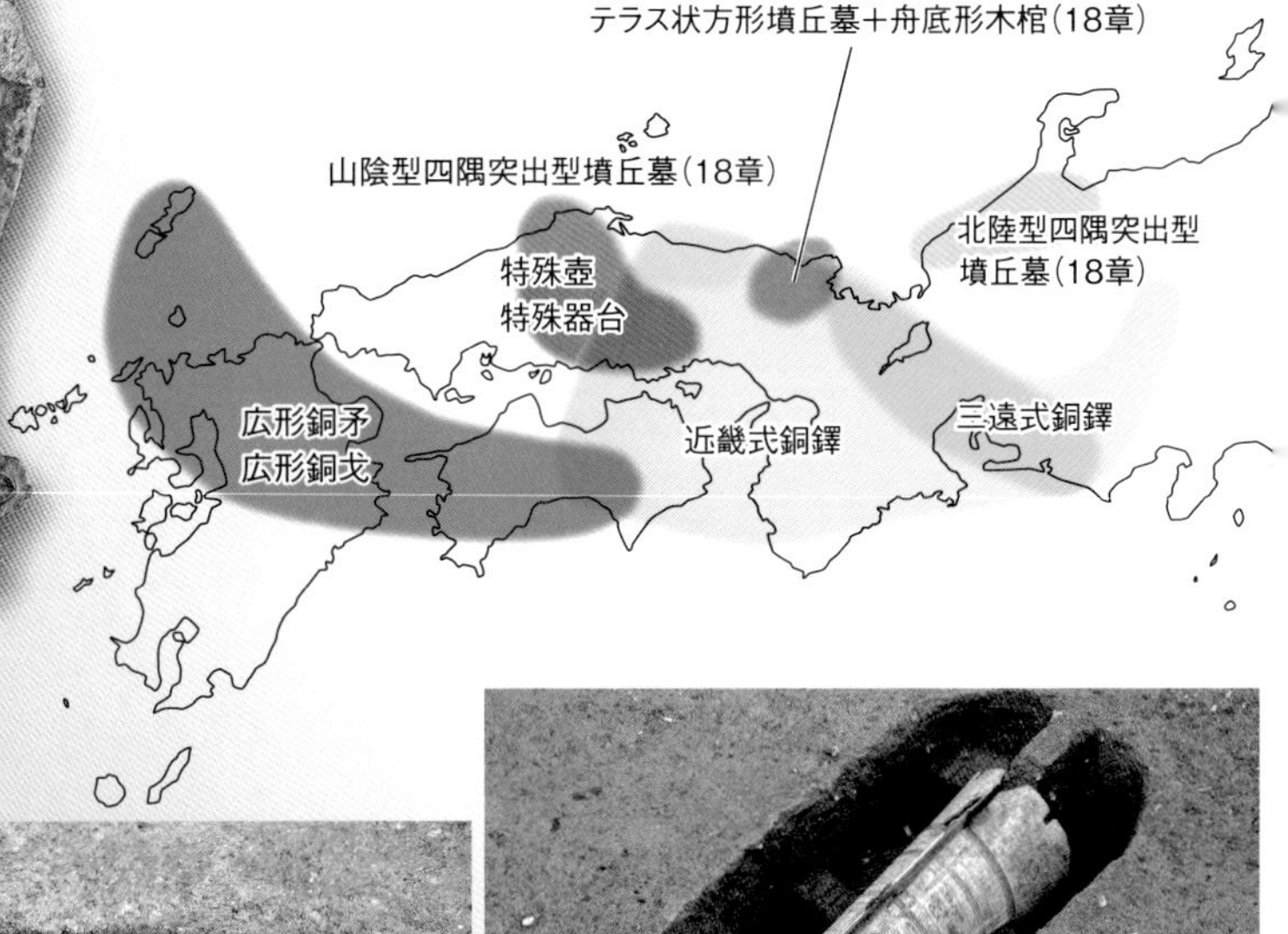

a　広形銅戈　福岡県日永遺跡、長 42.3 cm

b　広形銅矛　大分県上原、長 84.1 cm

❷ 広形銅矛と広形銅戈の埋納状態
刃を立てて埋納。後期・福岡県日永遺跡

❸ 近畿式銅鐸の埋納状態　鰭（ひれ）を立てて埋納。後期・徳島県矢野遺跡

18 墳丘墓の展開

大型青銅器祭祀の仲間に入らなかった地域には、社会をまとめるどんな仕組みがあったのでしょうか。また、山陰や瀬戸内では、なぜ銅剣祭祀をやめたのでしょうか。

青銅器祭祀は、最後に祭器を埋納（消費）して終わります。ということは、この祭祀をつづけるには中国から青銅を入手しつづけなければならないことになります。加えて、後期は人口とモノの生産量・流通量が増加して地域社会内外の利害関係が複雑になっていった時期でした。大きく複雑になっていく社会のまとまりを保つために、より盛大な祭祀が必要になっていき、それ故に祭器が大型化し、生産量も増加していったのだと考えられます。

つまり、後期に大型青銅器祭祀をつづけられたのは、青銅を入手する交換財をたくさん集めることが可能で、青銅器の大型化や量産を実現できる高い技術をもった工人を抱えることのできた地域だったということになります。だから、大きな地域社会のまとまりがあった九州北部、近畿、東海西部一帯で継続したのです。逆に平野が分散的で地域社会のまとまりが相対的に小さかった山陰や瀬戸内では、いち早く祭祀の継続が困難になったと考えられます。

青銅器祭祀を継続させられなかった地域では、当然それにかわる祭祀が必要になります。

ちょうどこのころ、瀬戸内や山陰、北陸などの幾つかの地域において、地域社会のリーダーたちの**墳丘墓**[*]が、地域ごとの特徴を際立たせながら大型化するという動きをみせはじめます。たとえば中国山地～山陰、北陸では、**四隅突出型**とよばれる特異な形の墳丘墓がつくられ、終末期にかけて一辺数十メートルの大型墓をつくるまでになりました。丹後地域でも、巨大な墓壙と**舟底形木棺**に特徴のある墳丘墓が発達し、やはり大型化していきます。これらの墳丘墓では、地域独自の葬送儀礼が発達し、儀礼用の特別な土器などもつくられました。このうち吉備地域一帯で発達した**特殊壺**、**特殊器台**は、古墳文化の埴輪の起源になりました。

地域社会のリーダーをとむらう葬送儀礼は、社会内の仲間意識を高めることにつながったはずです。また、複数の地域社会が、墳丘墓を舞台とする共通の葬送儀礼（祭祀）をおこなうことで、地域社会間の一体感の維持にも大きな効果を発揮したと考えられます。

墳丘墓の構築は、基本的に材料を外部に依存する必要がありません。また、構築のための集団労働には、地域社会内の結束を強める作用もあったでしょう。さらに遠くからもみえる墳丘墓は、人びとに地域社会や地域社会のまとまりの大切さを想起させるモニュメントにもなっていたはずです。リーダーたちにとっても、自分たちの役割の大きさを地域社会内外に示す、格好の舞台になっていたと考えられます。このような点が、地域社会や地域社会のまとまりのリーダーが大きな役割をもつようになった、社会変化の方向性と一致したことで、以後、青銅器祭祀を打ち切った地域が先導するかたちで大型墳丘墓が発達していくのです。

＊**墳丘墓**　ここでは土を盛り上げた墳丘をもつ墓を総称して、墳丘墓とよんでおく。

丹後地域

❹**京都府大風呂南1号墓**　丘陵尾根の先端を溝で分断し、長辺27m前後の方形のテラス状に成形した墳丘墓。中央に大型の主体部が形成される。後期

❺**大風呂南1号墓主体部**　丹後半島一帯のテラス状方形墳丘墓には、大型木棺（舟底形）と豊富な副葬品が納められた中央主体部をもつものが目立つ。この主体部でも11振の鉄剣やガラス製・青銅製の多数の腕輪、5000点を超える玉類が出土した。後期

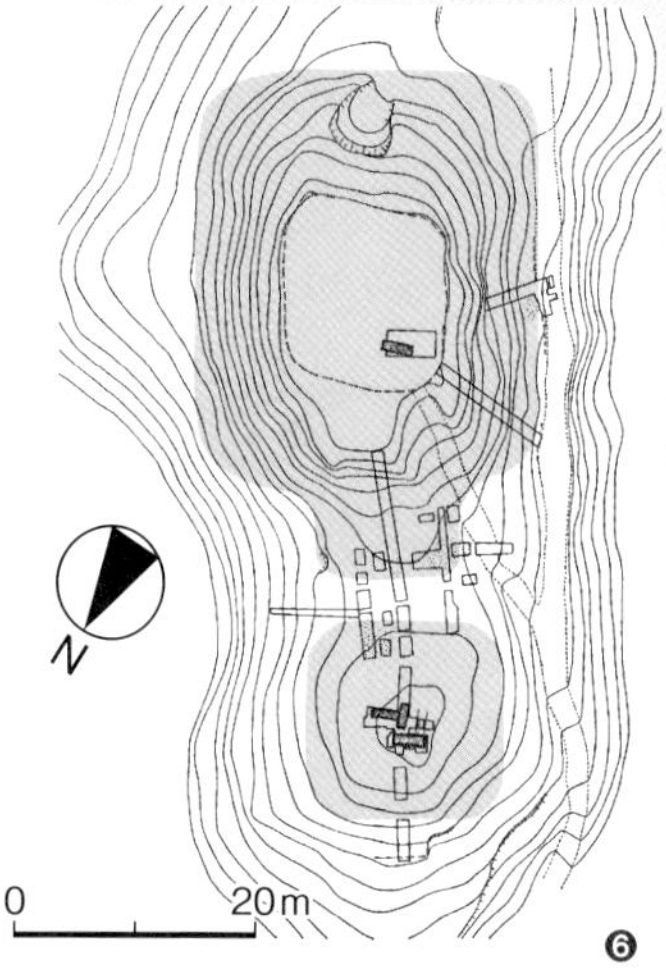

山陽、山陰、北陸

❻**岡山県黒宮大塚墳丘墓**　楯築墳丘墓の直後に築かれた方形墳丘墓。方台部長辺34m。短い突出部をもつ可能性がある。後期

❼**福井県小羽山30号墓**　方台部長辺27mの北陸型四隅突出型墳丘墓。貼石や列石はみられない。後期

❽**島根県西谷2号墓**　方台部の長辺36m。墳丘斜面に列石と貼石を配した山陰型四隅突出型墳丘墓。後期

❾**島根県西谷3号墓の復元模型**　方台部長辺40mの大型墳丘墓。墳丘斜面に貼石、輪郭に列石を配する。墳頂に一対の中央主体部と複数の小型の主体部をもつ。葬送儀礼には、吉備一帯の特殊器台・特殊壺も用いられていた。後期

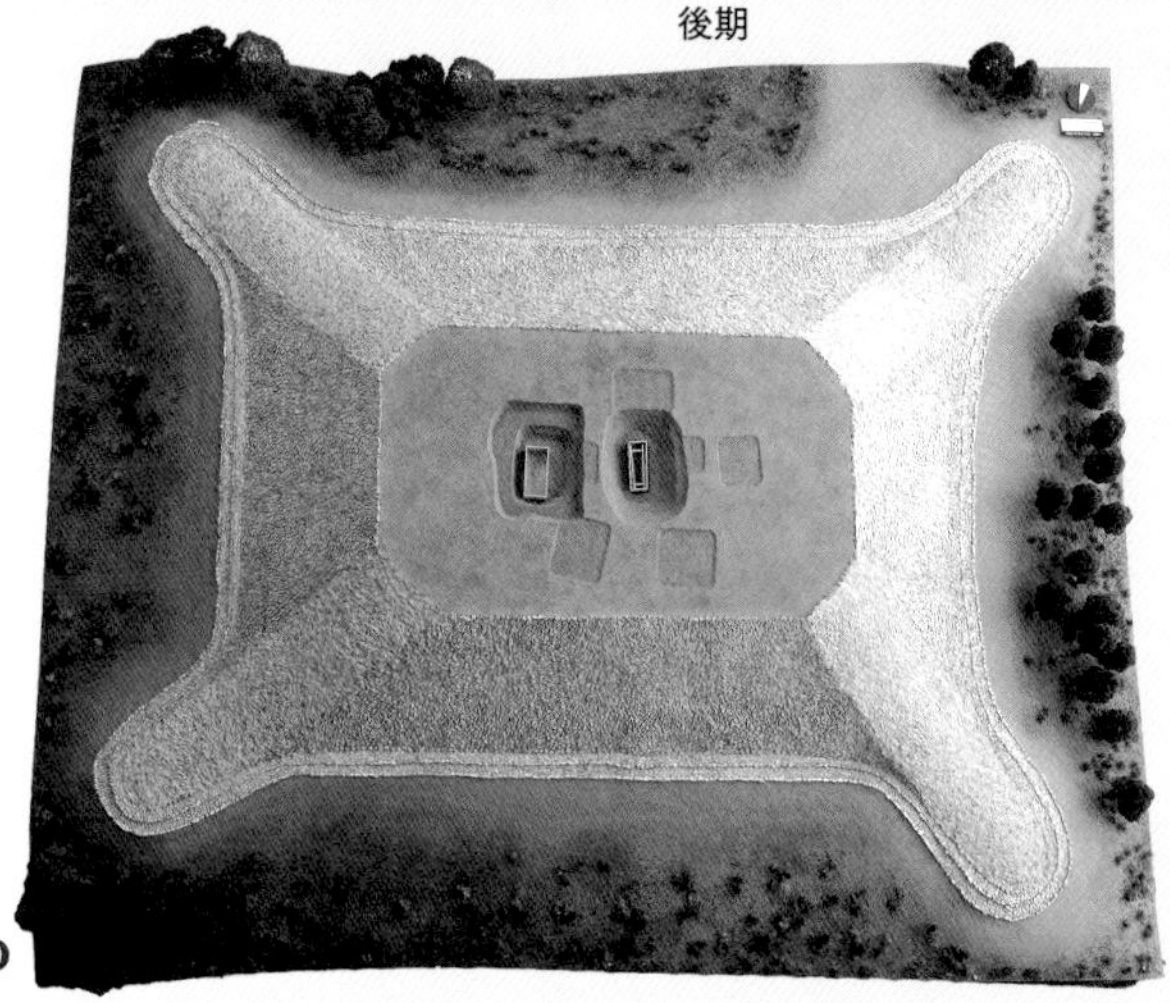

18 大型墳丘墓の展開

古墳文化の前方後円墳へとつながる大型墳丘墓が、人口の多かった近畿や九州北部ではなく、山陽・山陰・北陸で発達することをめぐっては多くの意見がある。これらの地域で、いち早く地域社会のリーダーの力が強くなったとの意見もあるが、私は、大型青銅器祭祀も墳丘墓祭祀も、社会の大型化・複雑化とともに、社会的関係を維持するリーダーの役割が拡大していくという、共通した変化に対応したものだったと考えている。

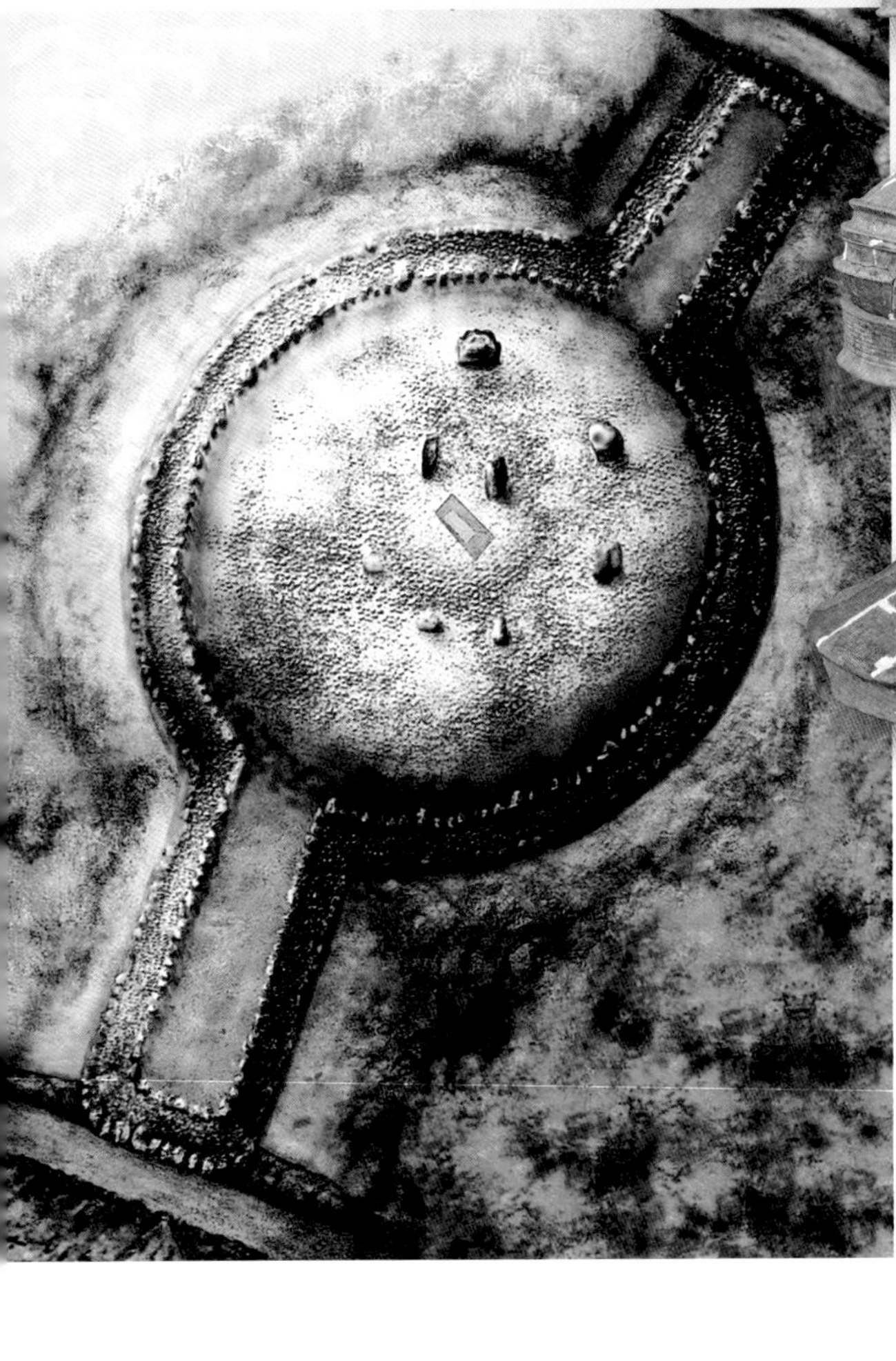

❶ **岡山県楯築墳丘墓の復元図**（左）特殊器台、特殊壺の成立期に築かれた大型墳丘墓。直径43mの円丘の両端に20m前後の突出部がつく。墳丘斜面に列石と貼石を配し、墳頂には巨石を立てる。

❷ **楯築墳丘墓出土の特殊器台と特殊壺・器台**　もっとも古い型式の特殊器台（上右）と特殊壺・器台（上左）である。楯築墳丘墓とともにこれらの特殊な土器を用いた儀礼が創出された。後期

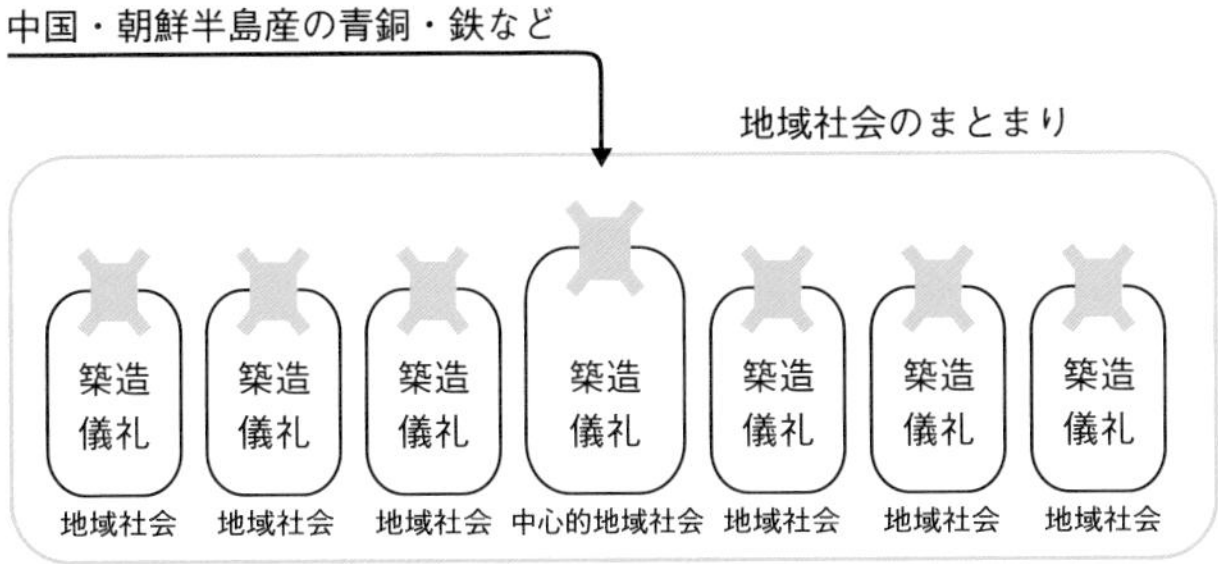

❸ **墳丘墓祭祀によって結びついた地域社会**
同じ形の墳丘墓を築き、同じ葬送儀礼をおこなうことで、地域社会間の結びつきを強固にする。17章❻の大型青銅器祭祀と構造的には類似するが、地域社会間の関係は並列的で、中心ー周辺という関係はむしろ大型青銅器祭祀のほうがはっきりしていたようである。

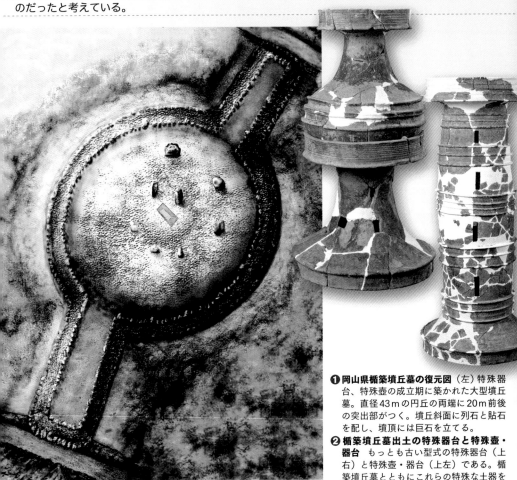

19 記録された弥生文化

中国における文字の発明は、弥生文化以前に遡ります。弥生文化と同じ時期のことが記された文献史料の幾つかに、弥生文化の人びとを指す「倭人」や「倭」の記述がみられます。『**論衡**《ろんこう》』*や『**山海経**《せんがいきょう》』*には、楽浪郡成立以前の倭人のことが記されています。前者には周代はじめ（紀元前一一世紀）に「倭人」が薬草を献じていたとあり、後者には「倭」が戦国時代の燕に属していたとの記述がみられます。ともに興味深い内容ですが、それぞれの「倭人」「倭」が日本列島の人びとなのか否か、慎重に議論する必要があります。

楽浪郡が置かれてからは、より具体的な記述がみられるようになりました。まず前漢の歴史を記した『**漢書**』*には、「倭」は**百余国**からなり、朝貢する国があったと記されています。後漢の歴史を記した『**後漢書**』*には、五七年に「**奴国王**」に**金印**を授けたという記録があります。福岡県志賀島の金印がこれにあたると考えられています。また一〇七年には、「**倭国王帥升**」たちが奴隷を献じたとされ、ほかに二世紀後半の国々の騒乱も記されています。

当時の中国が、「倭」の範囲をどうとらえていたのかはわかりません。しかし、「倭」にたくさんの国があったという記述は、地域社会の発達した中期以降の様子と合致します。また、

*『**論衡**』　後漢時代、紀元後一世紀に王充によって記された思想書。

*『**山海経**』　中国最古の地誌とされるが、伝説的な内容が多い。戦国時代以降漢代まで加筆されつづけた。

*『**漢書**』　中国二十四史のひとつ。前漢の成立から新までの歴史が記される。後漢の章帝の代（七五〜八八年）に、班固、班昭によって編纂された。「地理志」に倭人の記載がある。

後期にあたる時期に、「王」とされる人物が「倭」の地域社会や地域社会のまとまりにいて、中国と関係をもっていたという点も、これまで述べてきたことと整合するようです。

弥生文化についてのもっとも詳細な情報が記されているのは『**三国志**』*です。その中の「魏書」「烏丸鮮卑東夷伝倭人条」（通称「**魏志倭人伝**」）に、二世紀末葉〜三世紀中葉、つまり終末期〜古墳文化初頭にあたる時期の、二千字に及ぶ「倭」の記述がみられます。

そこには「倭」に多数の国があり、それぞれに「**王**」「**大官**」というリーダーがいたこと、「**邪馬台国**」を中心とする国々のまとまりがあり、「邪馬台国」の「王」である「**卑弥呼**」が、国々のまとまりの「**王（倭王）**」でもあったこと、「倭」にはこのまとまりに属さない国々もあったことなど、当時の社会の様子が具体的に記されています。また「卑弥呼」が魏に使者を送って青銅鏡などを下賜されたという件をはじめ、地域社会および地域社会のまとまりを維持するために、中国とのつながりが重要な意味をもっていたことなども読みとれます。

「卑弥呼」は、九州北部の「**奴国**」「**伊都国**」、その南（東）の「**投馬国**」「**邪馬台国**」などの複数の「国」が、その結束の象徴として「**共立**」した「王」と説明されています。「邪馬台国」の位置や「魏志倭人伝」に記された地域の範囲についてはさまざまな意見がありますが、地域社会同士が争って覇権を競い合うのではなく、地域社会が寄り集まって大きな社会をつくる様子は、青銅器祭祀や墳丘墓祭祀の共有によって仲間意識を形成・維持しようとしていた、東海西部以西の後期・終末期の地域社会のまとまりをみるようです。

*『**後漢書**』　中国二十四史のひとつで、後漢の歴史が記される。南北朝宋の時代に范曄によって編纂された。巻八五「東夷列伝」に倭人の記載がある。

*『**三国志**』　中国二十四史のひとつで、後漢末から三国時代の歴史が記される。西晋時代に陳寿によって編纂された。「魏志倭人伝」は、「魏書」第三十巻「烏丸鮮卑東夷伝倭人条」の略称。

◆『三国志』「魏書」倭人条（「魏志倭人伝」）

「倭人は帯方の東南大海の中に在り。」「旧百余国。」「今、使訳通ずる所三十国。」「対馬国に至る。……船に乗りて南北に市糴す。」「一大国に至る。……亦た南北に市糴す。」「伊都国に到る。……世王有り……郡使の往来に常に駐まる所なり。」「邪馬台国に至る。女王の都する所なり。」「狗奴国有り。……女王に属せず。」「一大率を置き諸国を検察せしむ。諸国これを畏れ憚る。」「共に一女子を立てて王となす。名は卑弥呼と曰う。」「景初二年六月、倭の女王…天子に詣りて朝献せんことを求む。」「銅鏡百牧…を賜い…悉く以て汝が国中の人に示し…」「卑弥呼以て死す。大い冢を作る。」

＊景初二年は景初三年の誤りとするのが通説。

⑪紀元後３世紀の東アジア

国名	官	副官	戸数	備考
対馬国	卑狗（大官）	卑奴母離	千余戸	
一支国	卑狗	卑奴母離	三千許家	
末盧国			四千余戸	
伊都国	爾支	泄謨觚 柄渠觚	万余戸	郡使駐まる所 一大率が常駐
奴国	兕馬觚	卑奴母離	二万余戸	
不弥国	多模	卑奴母離	千余戸	
投馬国	弥弥	弥弥那利	五万余戸	
邪馬台国	伊支馬	弥馬升 弥馬獲支 奴佳鞮	七万余戸	女王の 都する所
斯馬国 都支国 不呼国 蘇奴国 鬼国 邪馬国 支惟国	己百支国 弥奴国 姐奴国 呼邑国 為吾国 躬臣国 烏奴国	伊邪国 好古都国 対蘇国 華奴蘇奴国 鬼奴国 巴利国 奴国		其の余の旁国 遠絶にして 詳を 得べからず
狗奴国	狗古智 卑狗			男子の王 女王に属さず
女王国の東に渡海して、また倭種の国有り				

⑫「魏志倭人伝」に記された「国々」

⑧

⑧福岡県平原遺跡出土の超大型青銅鏡 径46.5cmの世界最大の青銅鏡。平原遺跡の方形周溝墓の主体部からは、40面の青銅鏡を含む多数の副葬品が出土した。「世々王有り」と記された伊都国の王の墓だろう。

⑨大泉五十と貨泉 ともに新の銭貨。後期・長崎県原の辻遺跡

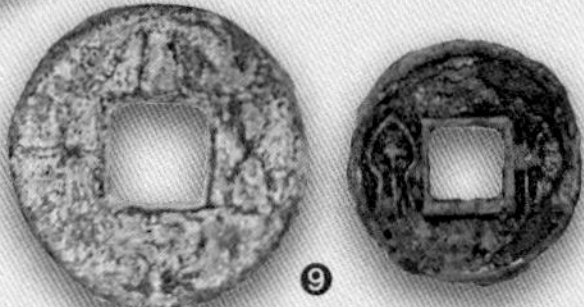
⑨

⑩長崎県原の辻遺跡の船着き場復元模型 原の辻遺跡は、一支国の中核的集落。

⑬景初三年銘三角縁同向式神獣鏡 景初３年は卑弥呼が魏に朝貢した年。三角縁神獣鏡は、卑弥呼が下賜された銅鏡の鏡式の第一候補。前期古墳文化・島根県神原神社古墳、径22.8cm
（文化庁蔵）

弥生時代のように、自分たちは文字を使っていないもののすでに文字を使用していた社会による記録が残っている時代を、先史時代・歴史時代と区別して、原史時代とよぶことがある。『漢書』『後漢書』『三国志』にみられる倭と倭人の記述は、これまで述べてきた弥生文化の暮らしぶりや社会のあり方、さらにそれぞれの変化についても一致するところが多いように思われる。その一端を紹介する。

◆『漢書』「地理志」

「夫れ楽浪海中に倭人有り。分れて百余国と為る。歳時を以て来り献見すと云う」

❶紀元前1世紀の東アジア

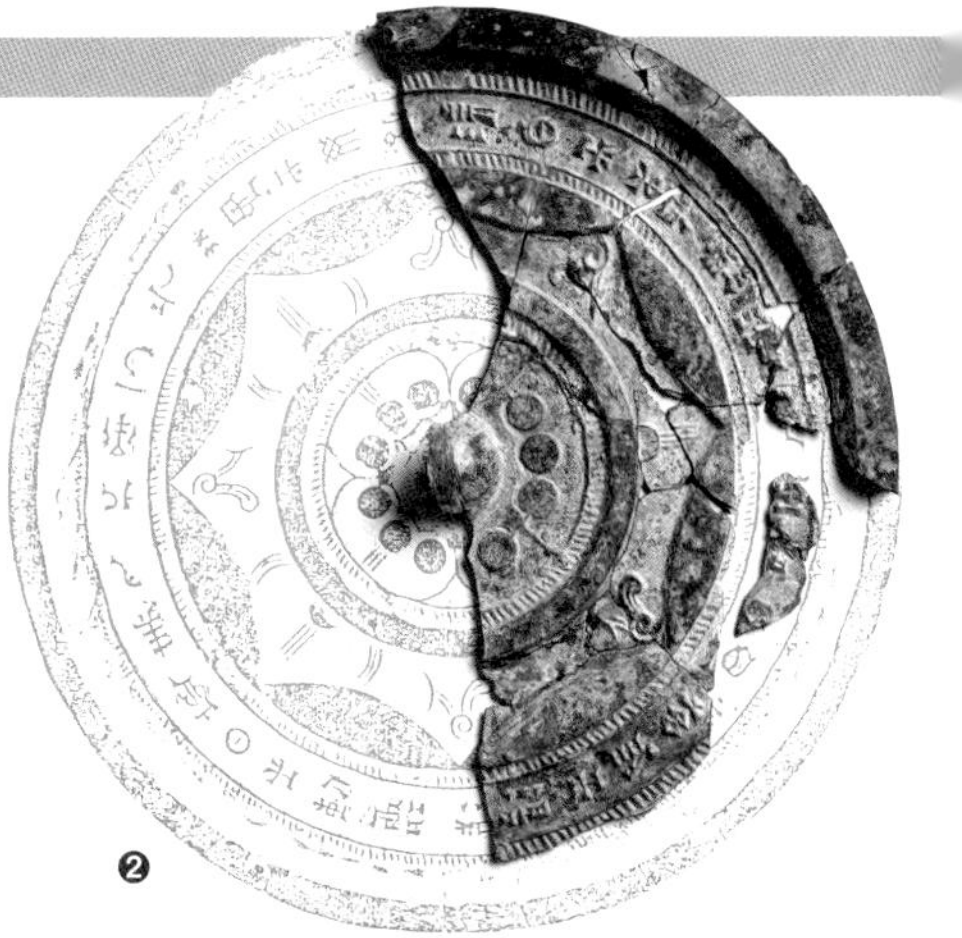
❷

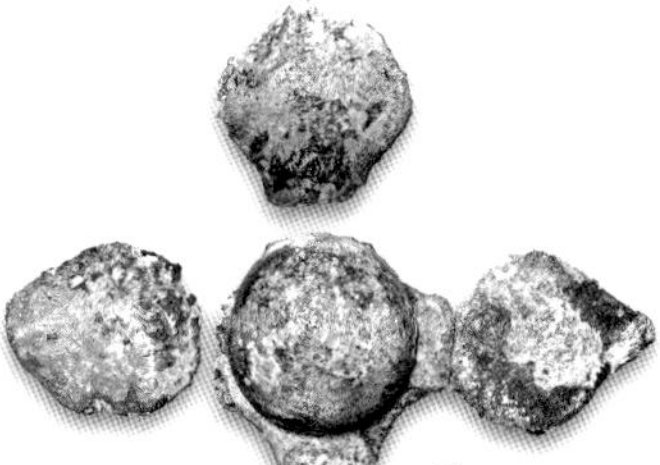
❸

❹

❺

❷**連弧文清白鏡**　前漢の青銅鏡。伊都国のリーダーが朝貢によって入手したものか。中期・福岡県三雲南小路遺跡1号甕棺墓、径 16.4cm

❸**金銅製四葉座金具**　棺につける飾り。中期・福岡県三雲南小路遺跡1号甕棺墓

❹**ガラス璧**　王の権威の象徴。❸とともに前漢皇帝から下賜されたものだろう。中期・福岡県三雲南小路遺跡1号甕棺墓

❺**蓋弓帽**　馬車の飾り。やはり前漢への朝貢によって下賜されたものだろう。中期・山口県地蔵堂遺跡

◆『後漢書』「東夷列伝」

「建武中元二年、倭奴国奉貢朝賀す。」「光武賜うに印綬を以てす。」「倭国王帥升等、生口百六十人を献じ、請見を願う。」

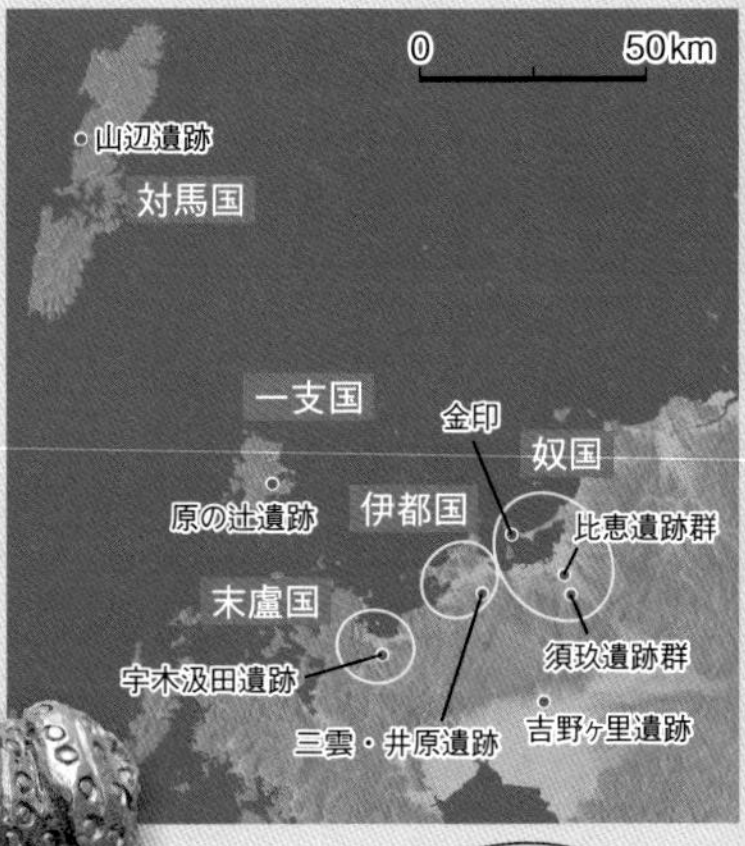

❻場所が特定できる「国々」

❼**金印**　「漢委奴国王」と記されており、西暦57年（「建武中元二年」）に光武帝が奴国王に下賜した印と考えられている。後期・福岡県志賀島

20
前方後円墳の成立

二世紀の終わりころ、東海西部、近畿の順に、大型化の極致に達した銅鐸の生産が打ち切られました。ほどなく九州北部の銅矛・銅戈も生産を終了します。これらの動向に合わせるように、東海西部から関東に**前方後方形墳丘墓**が広がりはじめ、九州にまで分布するようになりました。これにやや遅れて、瀬戸内〜近畿を中心に一部関東にまで、**前方後円形墳丘墓**がつくられていきました。「卑弥呼」が活躍した時期でもある終末期は、関東以西の広い範囲に、前方後円形、前方後方形などの複数の墳丘墓が展開した時期にあたるのです。

大型青銅器祭祀の終焉は、それをつづけていた地域でも、ついに青銅器祭祀拡大の限界点(青銅素材の外部依存と大型化に対する技術的な限界)に到達したことを物語ります。それは少なからぬ混乱をもたらしたことでしょう。そうしたなかで、新たな結束の象徴の創出が必要となり、すでに山陰・北陸・瀬戸内一帯で発達しはじめており、さまざまな有利性をもっていた墳丘墓が選ばれたのです。大型青銅器祭祀と終末期の墳丘墓の分布には大きなズレが認められ、それは大型青銅器祭祀終焉の混乱と、墳丘墓による地域社会連合の再編を物語っているようです。

＊古墳文化のはじまり前後の墳丘墓については、それぞれの築造時期をめぐりさまざまな意見がある。古墳文化のはじまりを議論するうえで最重要となる箸墓古

それまで別々のまとまりに属し、時には対立していた地域社会が、新たに創出された象徴のもとに再編される様子は、「魏志倭人伝」に記された、「相攻伐」していた「国々」が、「卑弥呼」を「共立」することで結束したというエピソードを連想させます。

奈良県纒向《まきむく》遺跡には、前方後円形墳丘墓のなかでは最大の、全長九〇メートル前後に達する墳丘墓がまとまって存在します。この一帯に前方後円形墳丘墓の連合の中心があったと考えていいでしょう。大型青銅器祭祀にも中心—周辺の関係がみられますが（17章参照）、前方後円形墳丘墓の連合では、それを墳丘規模で表示しはじめたのだと思われます。一方、前方後方形墳丘墓や四隅突出形墳丘墓の分布範囲には、このようにはっきりした中心的墳丘墓はなく、同形の墳丘墓をつくる地域社会間の平等的な関係に重きが置かれていたようです。

三世紀中ごろ、纒向遺跡の南端に全長約三〇〇メートルに達する巨大前方後円形墳丘墓である箸墓古墳が築造されました。ほどなく九州から南東北の広い範囲で、それ以前の墳丘墓よりも大型の前方後円形墳丘墓がつくられていきます。もちろん、この段階ですべての地域社会が前方後円形墳丘墓の連合に加わったわけではありません。ただここにおいて、前方後方形墳丘墓の連合を含むほかの地域社会のまとまりとの優劣が明確となり、のちの律令国家の基盤となる列島規模の社会が形成されはじめたことは注目に値します。私はこの点を**古墳文化**（前方後円墳文化）のはじまりの画期と考えます*。ただ、列島規模になったとはいえ、社会の仕組み自体は弥生文化と質的に変わらない地域社会の連合体（まとまり）でした。社会が律令国家の成立につながる質的変化を遂げるのは、もう少し先のことだと考えています。

墳もその時間的評価が定まっておらず、各地の墳丘墓との前後関係も未確定である。一方で箸墓古墳よりも古い前方後円形墳丘墓があることは間違いなさそうであり、私は、その時期がいつであれ箸墓古墳が築造されたころに、前方後円形墳丘墓のまとまりの優位性が明確となり、九州から東北までの広い範囲の地域社会がそのまとまりに加わっていく道筋が確定したと考えている。「古墳とは何か」「古墳文化・古墳時代のはじまりはいつか」をめぐってはさまざまな意見があるが、私は、この点をのちの律令国家形成につながる画期と位置づけ、箸墓古墳の築造をもって前方後円墳文化（古墳文化）のはじまりとし、あわせて以後七世紀までの墳丘墓を古墳とよぶことにしている（個々の墳形についても前方後円墳、前方後方墳など、平面形に「墳」をつける）。

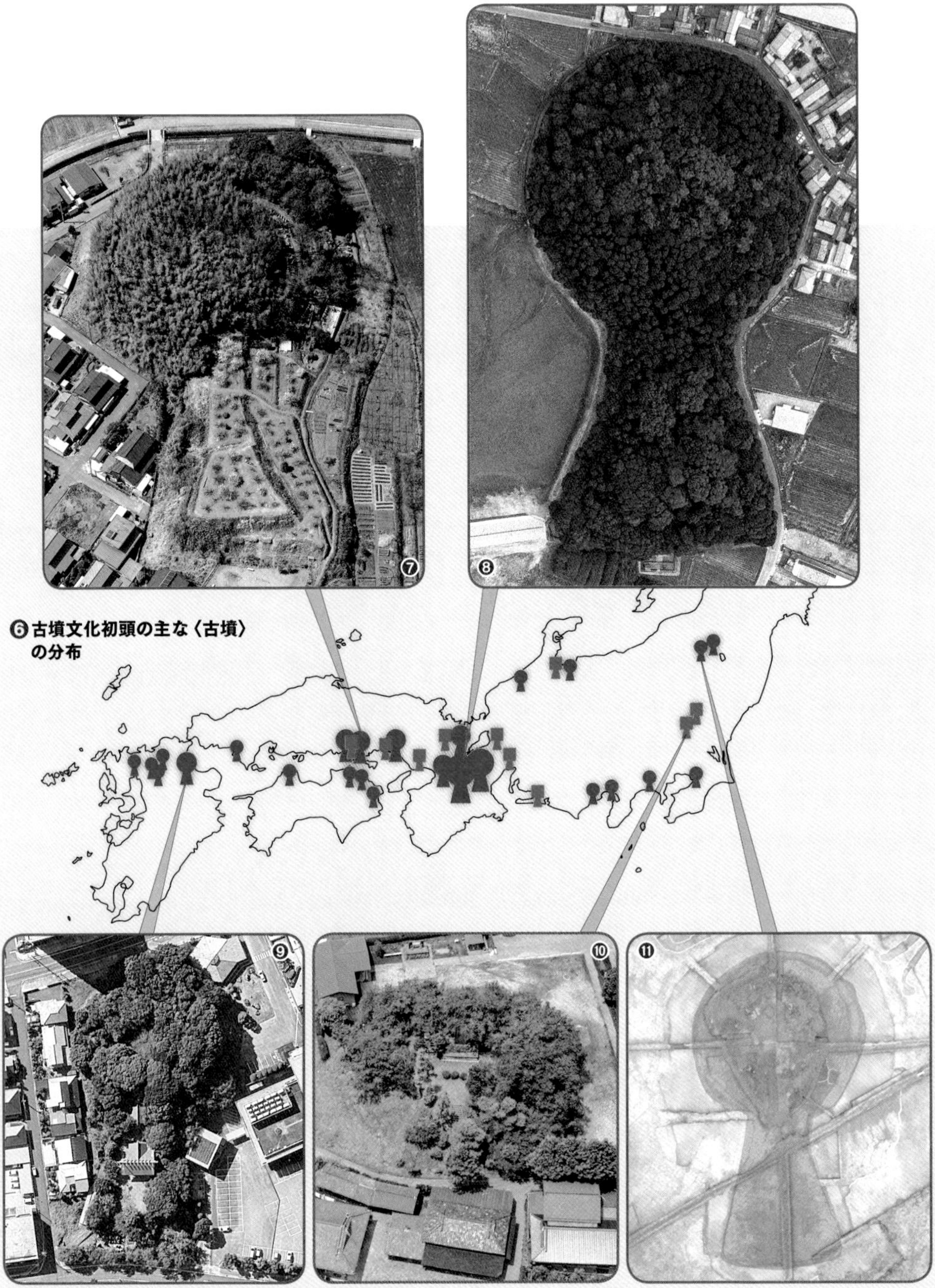

⑥古墳文化初頭の主な〈古墳〉の分布

⑦岡山県浦間茶臼山古墳　前方後円形。墳丘長約140m。箸墓古墳の1/2の規格でつくられた可能性あり。
⑧奈良県箸墓（箸中山）古墳　前方後円形。墳丘長約290m。前方後円墳のまとまりの中心人物の墓。卑弥呼の墓である可能性が十分に考えられる。
⑨福岡県石塚山古墳　前方後円形。墳丘長約130m（推定）。九州北部が前方後円墳のまとまりに加わったことを示す。
⑩栃木県駒形大塚古墳　前方後方形。墳丘長60.5m。前方後方墳のまとまりには箸墓古墳のような巨大古墳はない。
⑪福島県杵ヶ森古墳　前方後円形。墳丘長45.6m。

20 弥生墳丘墓から前方後円墳へ

終末期は、地域社会のまとまりが併存する状態から、列島規模の大きなまとまりが形成されていく時期である。地域社会のまとまりは、それぞれ結束の象徴となる独自の形の墳丘墓と葬送儀礼を発達させていたが、前方後円形墳丘墓のまとまりの優位性が明確になってくると、まとまりに参加する地域社会が増加していき、その中心である大和盆地に、列島規模にまで拡大した連合を象徴するかのような巨大墳丘墓が築造された。古墳文化のはじまりである。

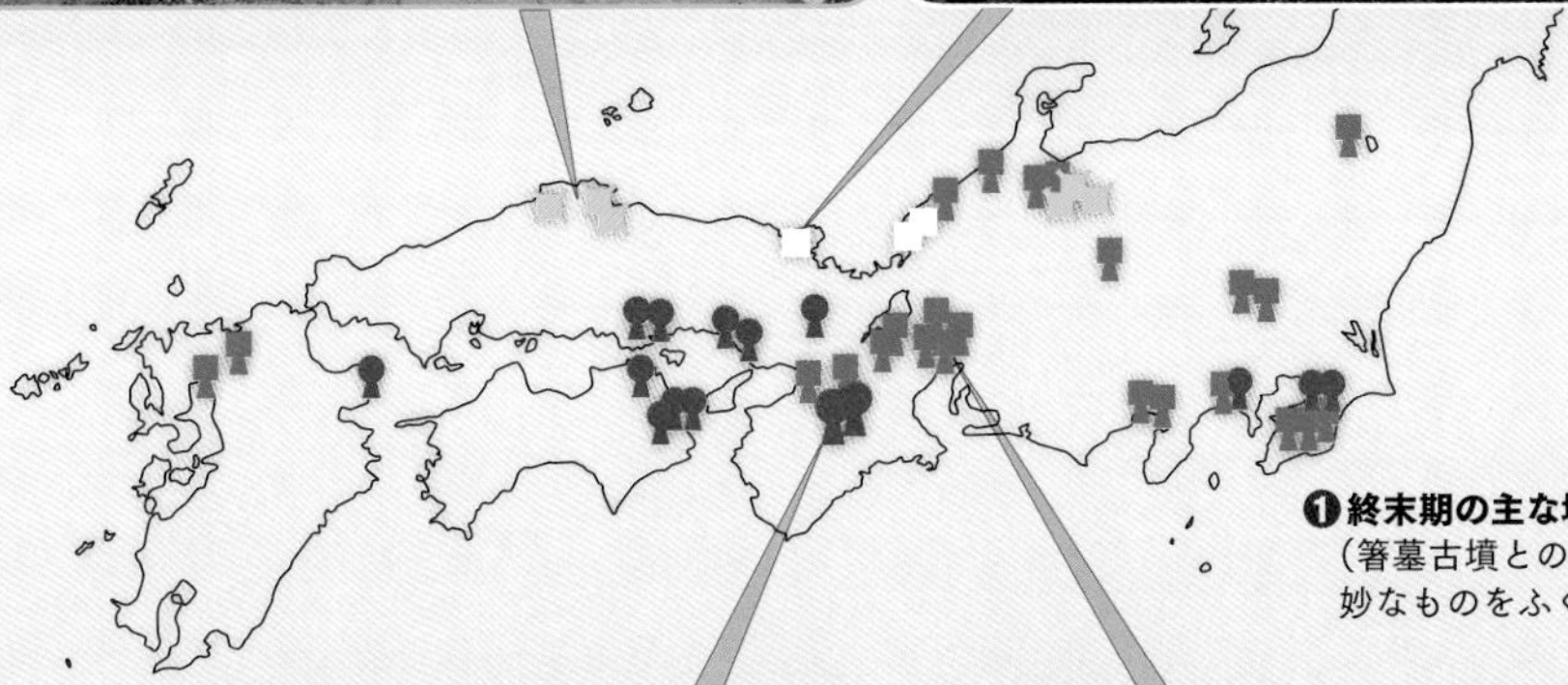

❶終末期の主な墳丘墓の分布
（箸墓古墳との前後関係が微妙なものをふくむ）

❷島根県宮山Ⅳ号墓　四隅突出形。方台部長辺18m、後期のものにくらべ、突出部が大きく広がる。

❸京都府赤坂今井墳丘墓　方形。長辺約40m、舟底形木棺を埋置した巨大な主体部をもち、豊富な副葬品が納められていた。

❹奈良県纒向石塚墳丘墓　前方後円形。墳丘長99m、大和盆地南部には全長90m前後の前方後円形墳丘墓が集中する。一帯に前方後円形のまとまりの中心があったことを物語る。

❺愛知県西上免遺跡SZ01墳丘墓　前方後方形。墳丘長40.5m。前方後方形のまとまりでは、前方後円形のような規模の差がみられない。平等的な関係だったのか？

21 超大型集落の終焉と弥生社会の特質

古墳文化のはじまり前後は、各地の集落にも大きな変化が生じた時期でした。後期〜終末期の関東以西では、その規模や内容、継続期間などに違いがみられるものの、多くの地域において、地域社会や地域社会のまとまりの中核ともいうべき大規模な集落が形成されます。なかには居住域が二〇万平方メートル以上に達する超大型のものもあり、九州北部をはじめいくつかの地域では、集落内に、リーダーの居所や祭祀の場、青銅器などの工房、倉庫群といった、特別な区画も設けられていました。ところが、早いところでは後期後半から、遅くても古墳文化の初頭までに、これらの多くが縮小・解体していくのです。

古墳文化になると、地域社会のリーダー（首長）は、群馬県三ツ寺I遺跡のような、一般の集落から独立した〈**居館**〉を構えていたと考えられています。古墳文化のはじまり前後に生じた大規模集落の縮小・解体は、こうした〈居館〉の形成と関係がありそうです。

後期以降、モノの流通が活発になると、各地域社会のなかにその核となる場所が形成されていったと考えられます。当時の地域社会は、基本的に複数の氏族的なグループで構成されていたはずですが、私は、この流通の核には各グループのリーダーたちがいて、そこで周辺の集落や氏族グループ同士、別の地域社会とのモノのやり取りを差配していたと想像します。地域社会のリーダーは、そうした氏族グループのリーダーたちから選ばれていたのでしょう。

一方、生活必需品が集まる流通の核は、それらをもっとも入手しやすい場所ということになります。私は、弥生文化の超大型集落を、そのために人びとが引きつけられ集まってきた場所と考えています。それ故に、古墳文化のはじまり前後になり、地域社会のリーダーがモノの動きや地域内の集落の配置などをコントロールできる力をもちはじめ、独立した居館を構えるようになったことで、超大型集落が縮小・解体していったのです。つまり、弥生文化の超大型集落は、リーダーの力の強さを表象するような場ではなく、むしろ反対にリーダーの力が十分でなかったために膨れ上がってしまった人口密集地というべきなのです*。

人類社会において、リーダーは、社会のさまざまな問題を解決する、社会全体の利益のための奉仕者としてあらわれてきたものです。しかし、一部の社会が大きく複雑になっていくなかで、社会全体の利益を装いつつ、特定の人びとの利益の追求にそれ以外の人びとの生存条件を組み込み、その仕組みを武力を含む力で維持する**〈支配—被支配〉**の関係（**階級**）が形成されていきました*。日本列島における階級の成立過程をめぐる意見もさまざまですが、私は、列島規模の大きな社会が形成され、武力が力の象徴となっていく古墳文化のなかで成立したと考えています。それまでの社会は、互いに支え合うことが基本で、リーダーたちの活動も依然社会全体の利益に縛られていたことになります。そうした見方をしたほうが、大規模集落や墳丘墓などのさまざまな事象の消長も理解しやすくなると思っています。

＊大久保徹也「巨大環濠集落の成長とそれを支えたシステム」『弥生時代の考古学3』同成社、二〇一一年。なお、弥生文化の大規模集落を〈都市〉と評価しようとする意見も多い。ただ私は、〈都市〉を〈階級〉と結びついた政治（都）・経済（市）活動の集中域と考えているので、階級的関係が成立していない段階においてモノの流通の核に人びとがひきつけられて巨大化した居住域を〈都市〉とはよばないでおく。

＊エンゲルスはこの過程を「はじめは召使いであったものがどのようにして」「支配階級になったのか」（『反デューリング論』）とわかりやすく表現した。〈階級〉とは何か、について考えることは、現代の諸問題をみつめるうえでも大切になると思っている。

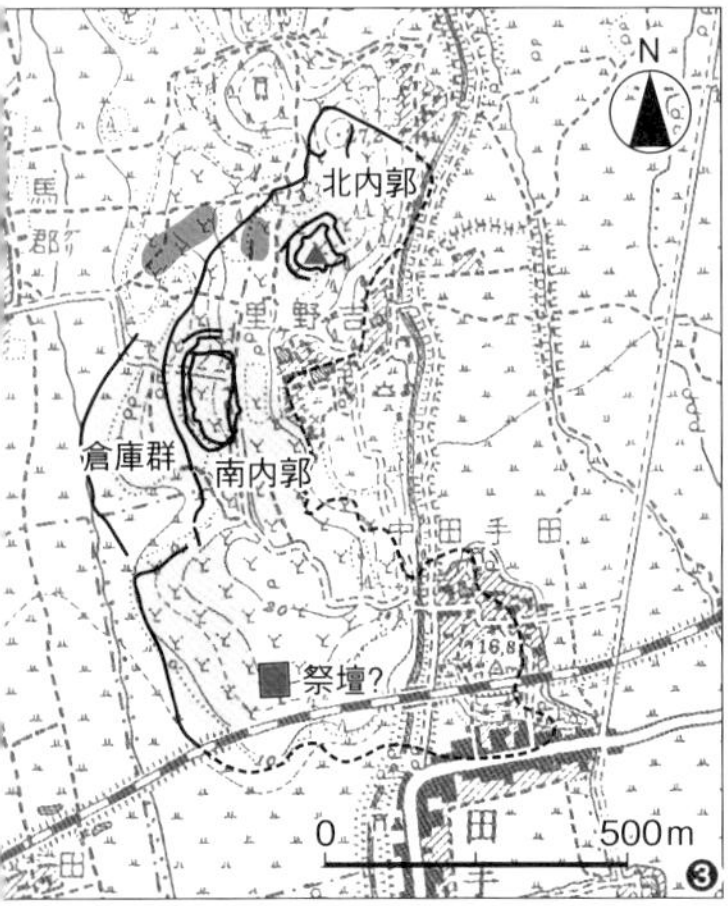

❶福岡県須玖遺跡群（中期後葉～後期の遺構分布） 福岡平野には、「後漢書東夷伝」「魏志倭人伝」に記された「奴国」にあたる地域社会が存在した。その中核的集落である須玖遺跡群は、南北約2.6km、東西約2kmの広大な範囲に及び、青銅器、ガラス製品、鉄器等の工房跡も多数発見されている。大型青銅祭器の広形銅矛もここでつくられていた。それぞれの規模を比較できるように❶❸❺❻は同じ縮尺にした。

❷須玖遺跡群の青銅器製作工房跡

❸佐賀県吉野ヶ里遺跡（後期の遺構分布） 広大な範囲を囲む環濠の内側に、南北2カ所の内郭と、南の内郭にともなう大規模な倉庫群が形成される。

❹復元された吉野ヶ里遺跡（後期） 復元により集落内がさまざまな機能空間に分かれていたことを実感できる。

❺関東の超大型集落 後期～終末期には、東日本にも居住域が20万㎡を超える巨大な集落が点在していた。ただし、西日本のように内郭や倉庫群、工房等はみられない。後～終末期・神奈川県日吉台・矢上台遺跡群

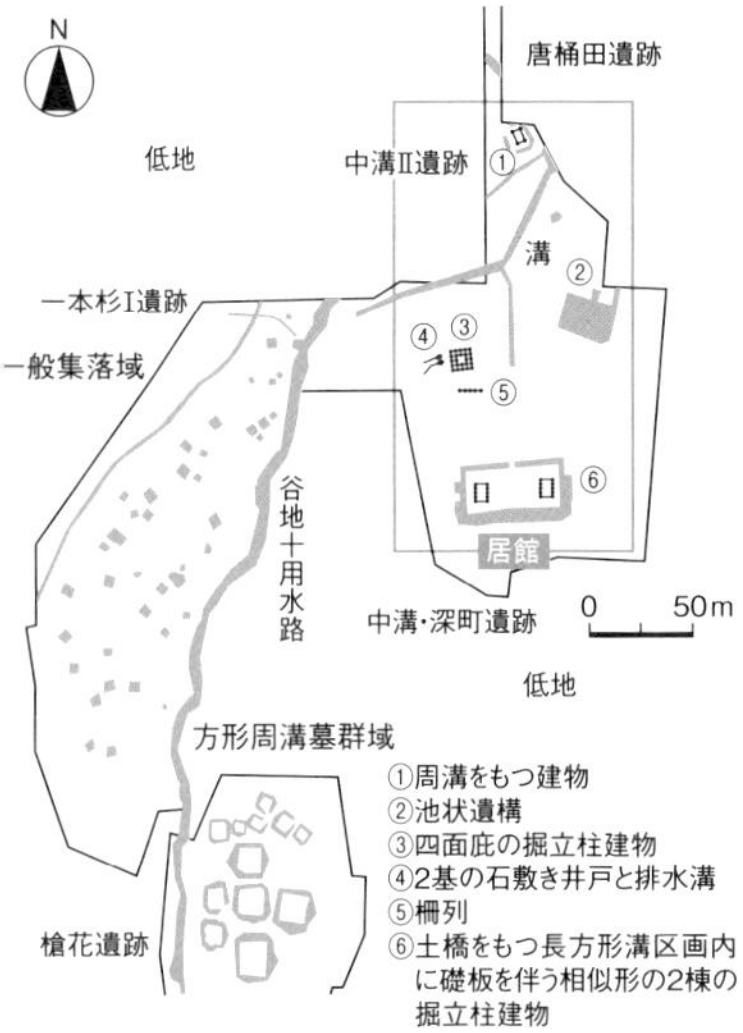

❽群馬県中溝・深町遺跡 前期古墳文化。居館が一般集落から独立していることがわかる。

❾中期古墳文化の居館と一般集落の復元模型 群馬県三ツ寺Ⅰ遺跡の居館一帯を復元したもの。

後期～終末期／超大型集落の発達

弥生文化の人口増加地域においては、中期以降、大規模な集落が形成されることが多い。後期～終末期には超大型ともいうべき巨大な集落が各地に形成されるが、その多くが古墳文化のはじまり前後に縮小・解体していく。大規模集落（とりわけ超大型集落）は、弥生文化を特徴づける要素のひとつといってよく、なぜ古墳文化に継続しなかったのかという点に、弥生文化の社会を理解する鍵があると考えている。

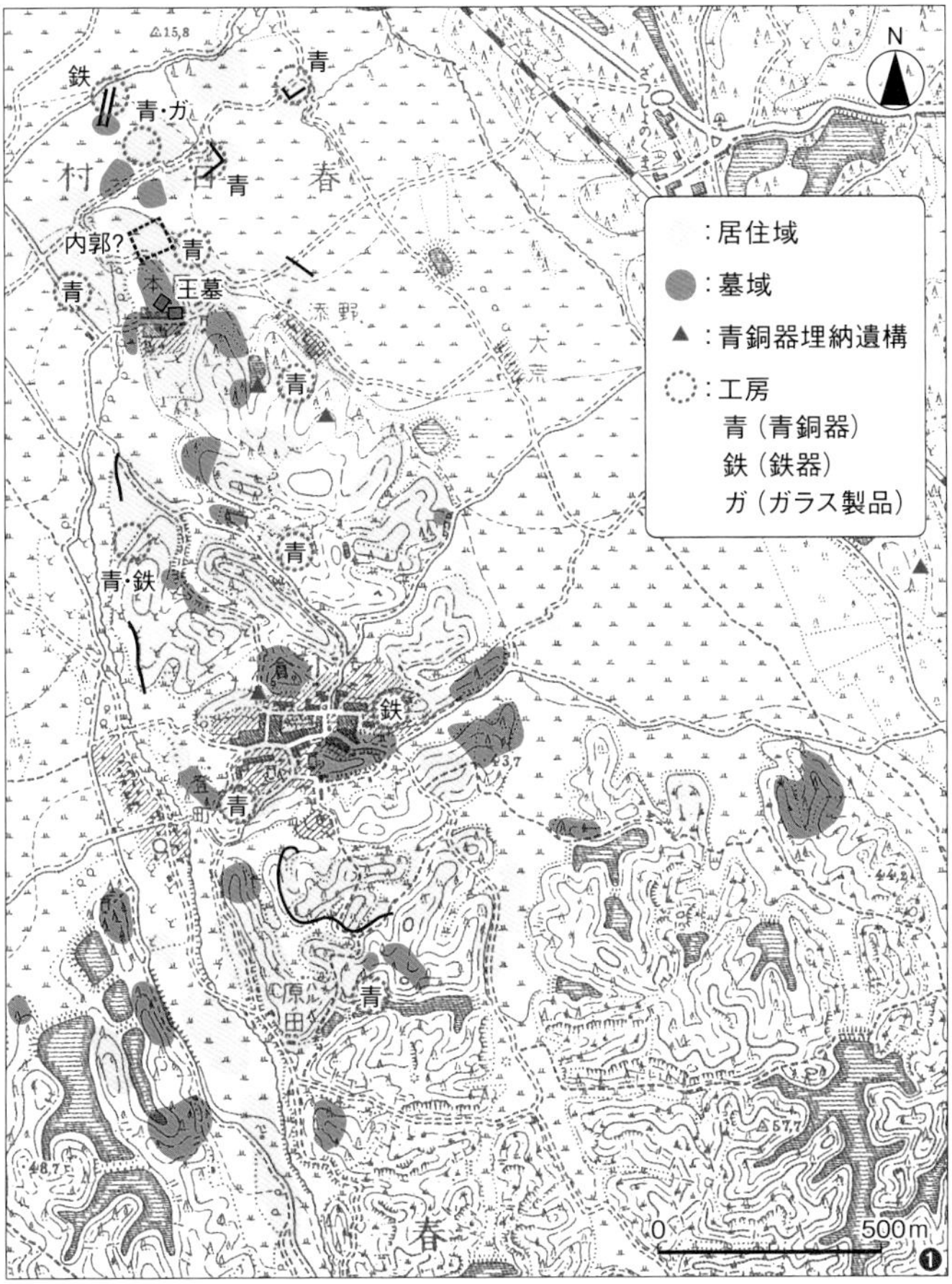

古墳文化のはじまり前夜／居館の独立へ

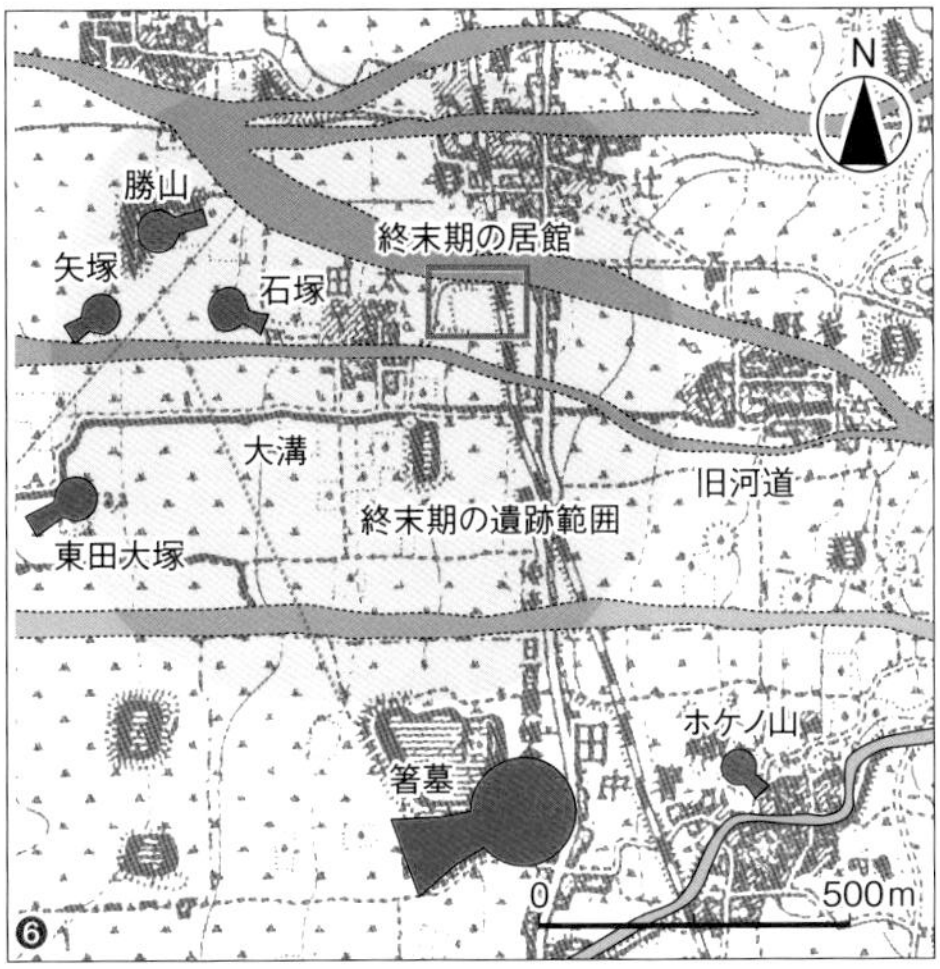

❻ **奈良県纒向遺跡**　政治的中心としての居館が存在し、周囲に大型前方後円形墳丘墓や最古の巨大前方後円墳である箸墓古墳が点在する。すでに弥生文化的な大規模集落とは異なる性格を帯びていた可能性がある。

❼ **纒向遺跡の大型建物跡群**　大型建物を中心に複数の建物が整然と並んでいる。前方後円形墳丘墓に埋葬されたリーダーの居館と考えていいだろう。

13 青谷上寺地遺跡【国史跡】

住…鳥取県鳥取市青谷町青谷

前期に集落が形成され、中～後期に発達。有機質遺物がよくのこる。遺物は重要文化財。2023年度中に史跡公園と展示施設がオープン予定。

14 荒神谷遺跡【国史跡】

住…島根県出雲市斐川町神庭873－8

銅剣358本、銅矛16本、銅鐸6個が埋納されていた。近隣の加茂岩倉遺跡では銅鐸が39個出土。ともに国宝。古代出雲歴史博物館にて展示。

15 西谷墳墓群【国史跡】

住…島根県出雲市大津町2760

後期の大小複数の四隅突出型墳丘墓が残り、1基は想定復原がなされている。隣接する出雲弥生の森博物館で遺物の見学可。

16 楯築遺跡（墳丘墓）【国史跡】

住…岡山県倉敷市矢部

突出部は破壊されているが、円丘部と墳頂平坦面の立石は圧巻。遺物は岡山大学考古資料展示室に収蔵されている（要申込）。

17 綾羅木郷遺跡【国史跡】

住…山口県下関市綾羅木

前期の環濠集落。多数の貯蔵穴が検出され、土笛も注目を集めた。遺物は県指定有形文化財。隣接して下関市立考古博物館が立つ。

18 土井ヶ浜遺跡【国史跡】

住…山口県下関市豊北町神田上土井ヶ浜

前期後葉を中心とする墓地。300体もの人骨が出土し、土井ヶ浜遺跡・人類学ミュージアムで出土状態を再現。遺物は県指定有形文化財。

19 紫雲出山遺跡【国史跡】

住…香川県三豊市詫間町

標高352mの岬頂部にある中期の高地性集落。石鏃の分析から軍事的要素が指摘された。紫雲出山遺跡館からの瀬戸内海の眺めは壮観。

20 板付遺跡【国史跡】

住…福岡県福岡市博多区板付2、3丁目

早期から集落、前期には環濠集落が形成される。弥生研究の学史的な遺跡。環濠・住居が復原され、板付遺跡弥生館で遺物の見学も可。

21 須玖遺跡群【国史跡：須玖岡本遺跡】

住…福岡県春日市岡本2、6、7丁目

南北2kmに及ぶ巨大な集落。奴国の中心。王墓や青銅器工房を含む一帯が史跡に指定されている。遺跡内に奴国の丘歴史資料館あり。

22 三雲・井原遺跡、平原遺跡【国史跡】

住…福岡県糸島市三雲ほか、有田1ほか

伊都国の中心。複数の王墓があり須玖遺跡群に匹敵する巨大集落。伊都国歴史博物館の平原方形周溝墓出土品（国宝）は必見。

23 菜畑遺跡【国史跡】

住…佐賀県唐津市菜畑松円寺

早期初頭の集落跡、水田跡が発見され注目を集める。住居、水田が復原され、遺跡内の唐津市末盧館で遺物の見学可。

24 吉野ヶ里遺跡【特別史跡】

住…佐賀県神埼郡吉野ヶ里町

早期に集落形成、中・後期には巨大環濠集落に発達。墳丘墓出土品は重要文化財。復原整備が進み、遺跡内に吉野ヶ里遺跡展示室がある。

25 原の辻遺跡【特別史跡】

住…長崎県壱岐市芦辺町深江鶴亀触

中期以降、巨大な環濠集落に発達した一支国の中心。遺物は重要文化財に指定されている。復原整備が進み、やや離れて一支国博物館がある。

26 広田遺跡【国史跡】

住…鹿児島県熊毛郡南種子町平山

終末期～古墳文化併行の墓地遺跡で独特の貝製装身具が出土。遺物は重要文化財。一部は広田遺跡ミュージアムで見学可。

訪ねてみたい 弥生文化関連遺跡

住：住所（遺跡の所在地）

01 フゴッペ洞窟遺跡【国史跡】

住…北海道余市郡余市町栄町87

弥生終末期併行と推定される続縄文文化の岩面刻画が保存公開されている。同様の刻画は小樽市手宮洞窟でも見学できる。

02 垂柳遺跡【国史跡】

住…青森県南津軽郡田舎館村垂柳

中期中葉の広大な灌漑型小区画水田が検出された。遺跡内の田舎館村埋蔵文化財センターで水田跡と出土遺物を見学できる。

03 地蔵田遺跡【国史跡】

住…秋田県秋田市御所野地蔵田3丁目
（地蔵田遺跡出土品展示施設）

中期前葉の集落遺跡。竪穴住居3棟と集落を囲む柵や墓などが復原されている。展示施設で出土遺物も見学できる。

04 大塚・歳勝土遺跡【国史跡】

住…神奈川県横浜市都筑区大棚西1

中期後葉の環濠集落（東半分）と墓地が保存され、環濠・住居・方形周溝墓が復原される。横浜市歴史博物館が隣接する。

05 神崎遺跡【国史跡】

住…神奈川県綾瀬市吉岡3425－5

三河からの移住者の環濠集落（後期）で長距離移住の実例として注目。住居が復原され、遺物は県指定重要文化財。遺跡内の資料館で見学可。

06 古津八幡山遺跡【国史跡】

住…新潟県新潟市秋葉区古津

丘陵上に営まれた後期～終末期の大規模環濠集落。住居や環濠が復原され、弥生の丘展示館で出土遺物を見学できる。

07 登呂遺跡【特別史跡】

住…静岡県静岡市駿河区登呂5丁目

終戦直後に集落と水田が広く発掘された。復原が早くから行われ、弥生文化のイメージを形成した。遺物は重要文化財で登呂博物館にて見学可。

08 朝日遺跡【貝殻山貝塚：国史跡】

住…愛知県清須市西田中松本11

集落形成は前期、中期と後期に巨大環濠集落となる。史跡指定は遺跡西端のみ。重要文化財の遺物は、あいち朝日遺跡ミュージアムにて見学可。

09 池上曽根遺跡【国史跡】

住…大阪府和泉市池上町4丁目14－13

前～後期の集落遺跡。中期に大規模環濠集落が形成される。大型掘立柱建物等の復原あり。近隣に大阪府立弥生文化博物館がある。

10 田能遺跡【国史跡】

住…兵庫県尼崎市田能6丁目5－1

前期～後期の集落遺跡。中期の方形周溝墓から多量の玉類、銅製釧等（県指定有形文化財）が出土。遺物は田能資料館で見学可。

11 唐古・鍵遺跡【国史跡】

住…奈良県磯城郡田原本町唐古・鍵

学史的にも内容的にも近畿弥生集落の代表格。中・後期に巨大環濠集落に発達する。遺物は重要文化財。近隣に唐古・鍵考古学ミュージアム。

12 纒向遺跡【国史跡】

住…奈良県桜井市辻

前方後円形墳丘墓の地域社会群の中核。複数の大型墳丘墓が点在し、南に箸墓古墳がある。桜井市立埋蔵文化財センターで遺物の見学可。

写真：銅鐸　伝香川県出土、中期

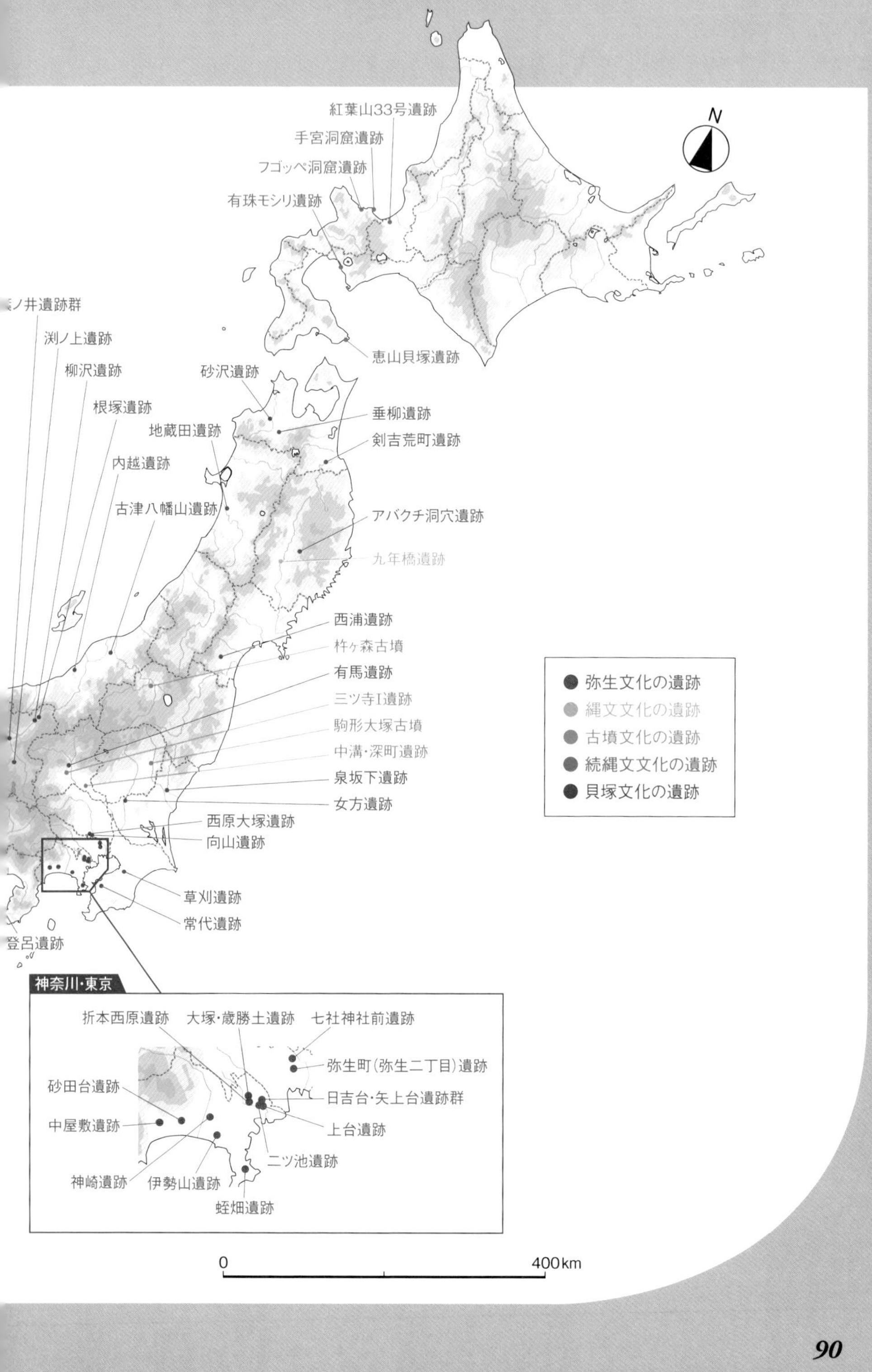
N
紅葉山33号遺跡
手宮洞窟遺跡
フゴッペ洞窟遺跡
有珠モシリ遺跡
恵山貝塚遺跡
ノ井遺跡群
渕ノ上遺跡
柳沢遺跡
根塚遺跡
内越遺跡
古津八幡山遺跡
地蔵田遺跡
砂沢遺跡
垂柳遺跡
剣吉荒町遺跡
アバクチ洞穴遺跡
九年橋遺跡
西浦遺跡
杵ヶ森古墳
有馬遺跡
三ツ寺I遺跡
駒形大塚古墳
中溝・深町遺跡
泉坂下遺跡
女方遺跡
西原大塚遺跡
向山遺跡
草刈遺跡
常代遺跡
登呂遺跡
弥生文化の遺跡
縄文文化の遺跡
古墳文化の遺跡
続縄文文化の遺跡
貝塚文化の遺跡
神奈川・東京
折本西原遺跡
大塚・歳勝土遺跡
七社神社前遺跡
弥生町(弥生二丁目)遺跡
砂田台遺跡
日吉台・矢上台遺跡群
中屋敷遺跡
上台遺跡
二ツ池遺跡
神崎遺跡
伊勢山遺跡
蛭畑遺跡
0
400km

本書で紹介した遺跡

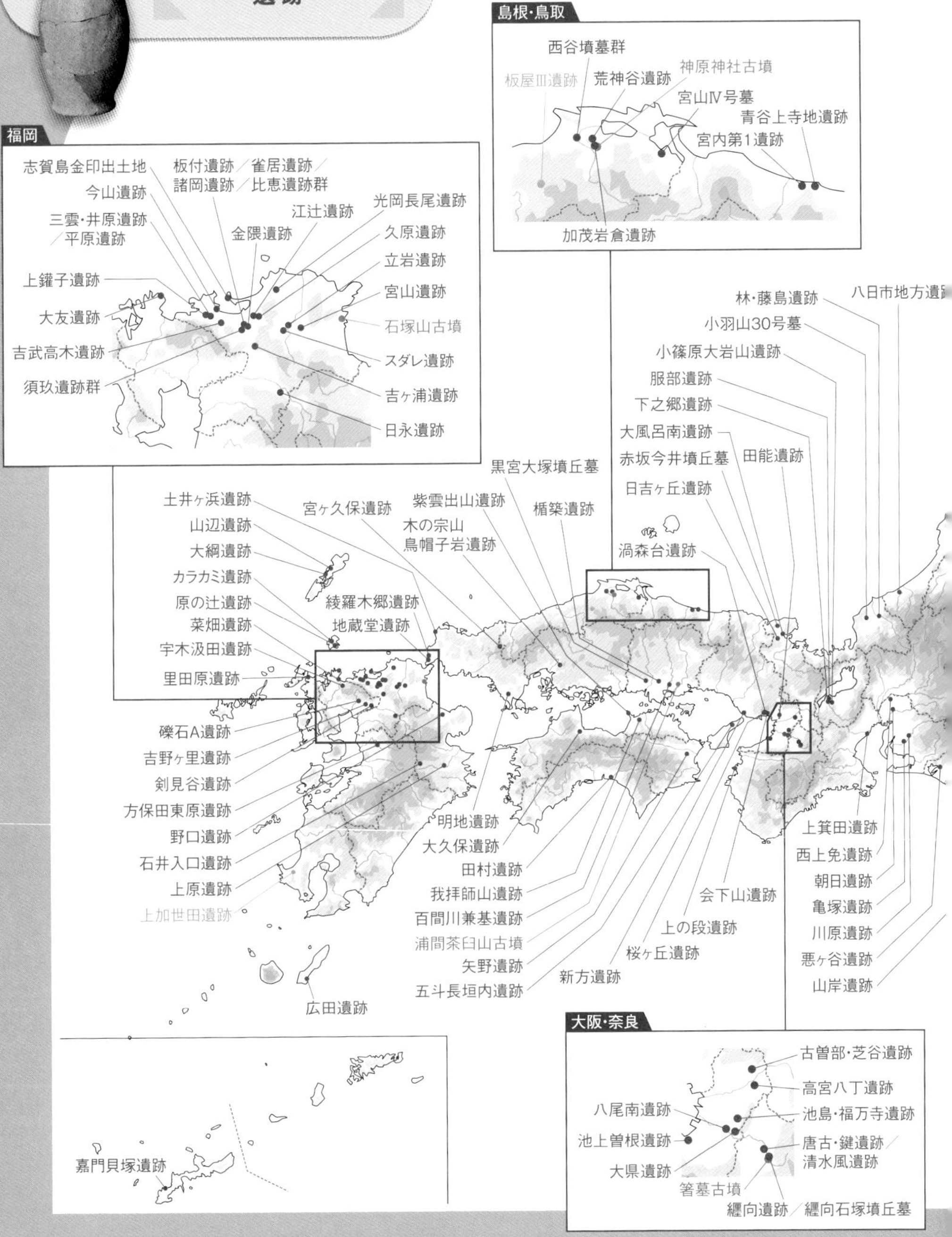

島根・鳥取
西谷墳墓群
板屋Ⅲ遺跡
荒神谷遺跡
神原神社古墳
宮山Ⅳ号墓
青谷上寺地遺跡
宮内第1遺跡
加茂岩倉遺跡
福岡
志賀島金印出土地
板付遺跡／雀居遺跡／
諸岡遺跡／比恵遺跡群
今山遺跡
三雲・井原遺跡
／平原遺跡
江辻遺跡
光岡長尾遺跡
金隈遺跡
久原遺跡
立岩遺跡
上鑵子遺跡
宮山遺跡
大友遺跡
石塚山古墳
吉武高木遺跡
スダレ遺跡
須玖遺跡群
吉ヶ浦遺跡
日永遺跡
林・藤島遺跡
八日市地方遺跡
小羽山30号墓
小篠原大岩山遺跡
服部遺跡
下之郷遺跡
大風呂南遺跡
赤坂今井墳丘墓
田能遺跡
黒宮大塚墳丘墓
日吉ヶ丘遺跡
土井ヶ浜遺跡
宮ヶ久保遺跡
紫雲出山遺跡
楯築遺跡
山辺遺跡
木の宗山
鳥帽子岩遺跡
大綱遺跡
渦森台遺跡
カラカミ遺跡
原の辻遺跡
綾羅木郷遺跡
菜畑遺跡
地蔵堂遺跡
宇木汲田遺跡
里田原遺跡
礫石A遺跡
吉野ヶ里遺跡
剣見谷遺跡
方保田東原遺跡
野口遺跡
石井入口遺跡
上原遺跡
上加世田遺跡
明地遺跡
大久保遺跡
田村遺跡
我拝師山遺跡
百間川兼基遺跡
浦間茶臼山古墳
矢野遺跡
五斗長垣内遺跡
新方遺跡
桜ヶ丘遺跡
上の段遺跡
会下山遺跡
上箕田遺跡
西上免遺跡
朝日遺跡
亀塚遺跡
川原遺跡
悪ヶ谷遺跡
山岸遺跡
広田遺跡
嘉門貝塚遺跡
大阪・奈良
古曽部・芝谷遺跡
高宮八丁遺跡
八尾南遺跡
池島・福万寺遺跡
池上曽根遺跡
唐古・鍵遺跡／
清水風遺跡
大県遺跡
箸墓古墳
纒向遺跡／纒向石塚墳丘墓

写真：人面付土器　群馬県有馬遺跡出土、後期

おもな引用・参考文献（手に入りやすいもの）

安藤広道 2009年「弥生時代における生産と権力とイデオロギー」『**国立歴史民俗博物館研究報告**』152集

石川日出志 2010年『**農耕社会の成立**』岩波新書（シリーズ日本古代史①）

井上洋一・森田稔編 2003年『**考古資料大観 第6巻 弥生・古墳時代 青銅・ガラス製品**』小学館

岩永省三 1997年『**金属器登場 歴史発掘⑦**』講談社

岩永省三 2022年『**古代国家形成過程論―理論・針路・考古学―**』すいれん舎

大沼忠春編 2004年『**考古資料大観 第11巻 続縄文・オホーツク・擦文文化**』小学館

甲元眞之・寺沢薫編 2011年『**講座日本の考古学5・6 弥生時代（上）（下）**』青木書店

国立歴史民俗博物館 1999年『**新弥生紀行**』朝日新聞社

近藤義郎 1983年『**前方後円墳の時代**』岩波書店（2020年 岩波文庫）

近藤義郎 1995年『**前方後円墳と弥生墳丘墓**』青木書店

佐原 真 1987年『**大系日本の歴史1 日本人の誕生**』小学館

佐原 真 2002年『**銅鐸の考古学**』東京大学出版会

佐原 真編 2002年『**古代を考える 稲・金属・戦争―弥生―**』吉川弘文館

設楽博己 2014年『**縄文社会と弥生社会 日本歴史 私の最新講義**』敬文舎

設楽博己編 2017年『**季刊考古学 第138号 特集弥生文化のはじまり**』雄山閣

設楽博己・藤尾慎一郎・松木武彦編 2008、2009、2011年『**弥生時代の考古学1〜9**』同成社

高宮廣衛・知念勇編 2004年『**考古資料大観 第12巻 貝塚後期文化**』小学館

武末純一 1991年『**土器からみた日韓交渉**』学生社

武末純一・石川日出志編 2003年『**考古資料大観 第1巻 弥生・古墳時代 土器Ⅰ**』小学館

武末純一・森岡秀人・設楽博己 2011年『**列島の考古学 弥生時代**』河出書房新社

千賀久・村上恭通編 2003年『**考古資料大観 第7巻 弥生・古墳時代 鉄・金銅製品**』小学館

都出比呂志 1989年『**日本農耕社会の成立過程**』岩波書店

寺沢 薫 2017年『**弥生時代国家形成史論**』吉川弘文館

中沢道彦 2019年「レプリカ法による土器圧痕分析からみた弥生開始期の大陸系穀物」『**考古学ジャーナル**』729号 ニューサイエンス社

藤尾慎一郎 2013年『**弥生文化像の新構築**』吉川弘文館

藤尾慎一郎 2021年『**日本の先史時代 旧石器・縄文・弥生・古墳時代を読みなおす**』中公新書

藤尾慎一郎編 2017年『**弥生時代って、どんな時代だったのか?**』国立歴史民俗博物館研究叢書1 朝倉書店

北條芳隆 2019年『**考古学講義**』ちくま新書

北條芳隆・禰冝田佳男編 2002年『**考古資料大観 第9巻 弥生・古墳時代 石器・石製品・骨角器**』小学館

宮本一夫 2017年『**東北アジアの初期農耕と弥生の起源**』同成社

山田昌久編 2003年『**考古資料大観 第8巻 弥生・古墳時代 木・繊維製品**』小学館

山内清男 1932、1933年「日本遠古之文化」『**ドルメン**』第1巻第4〜9号、第2巻第2号 岡書院

山内清男編著 1964年『**日本原始美術 1 縄文式土器**』講談社

■写真提供（所蔵）一覧

明治大学博物館：扉，11①中央／大阪府立弥生文化博物館：1②，2⑦（福岡市埋蔵文化財センター蔵），3③（京都大学総合博物館蔵），3④（唐津市教育委員会蔵），3⑪（市立函館博物館蔵），6⑧（壱岐市教育委員会蔵），7③（福岡市埋蔵文化財センター蔵），7⑤（飯田市教育委員会蔵），12③（田原本町教育委員会蔵），15⑤（福岡市埋蔵文化財センター蔵），15⑨（福井県教育庁埋蔵文化財調査センター蔵），16⑪（湯梨浜町教育委員会蔵）／石川日出志：2①／東京大学総合研究博物館：2④／南さつま市教育委員会：2⑤／韓国国立中央博物館：2⑥／粕屋町立歴史資料館：3①，13②／長崎県教育委員会：3②，19⑨⑩／福岡市埋蔵文化財センター：3⑤，12⑦／唐津市文化事業団：3⑥（唐津市教育委員会蔵）／（株）至文堂：3⑦（北上市教育委員会蔵）／田原本町教育委員会：3⑧，6②⑦，7④，9⑥，11④／弘前市教育委員会：3⑨／慶應義塾大学民族学考古学研究室：3⑩／丑野毅：5④／公益財団法人 大阪府文化財センター：5⑥／群馬県：5⑦，9④-6，12⑩／昭和女子大学人間文化学部歴史文化学科：6③／寝屋川市教育委員会：6④／公益財団法人愛知県教育・スポーツ振興財団　愛知県埋蔵文化財センター：6⑨，13⑭，20⑤／横浜市歴史博物館：7①，9④-5，10⑤／あいち朝日遺跡ミュージアム：7⑥，12⑨／鳥取県とっとり弥生の王国推進課：7⑦⑧，11⑤，12⑤⑪，16④⑤／公益財団法人横浜市ふるさと歴史財団埋蔵文化財センター：8④，13⑧／宗像市教育委員会：8⑤，12①／秋田市教育委員会：8⑥／国立科学博物館：9①下／神戸市文化財課：9②／花巻市総合文化財センター：9③／岡山県古代吉備文化財センター：9④-2／神奈川県立歴史博物館：9④-3／小川忠博：9④-4（安城市教育委員会蔵）／国立博物館蔵品統合検索システム（https://colbase.nich.go.jp/?locale=ja）：9④- 7 土偶形容器（J-7532），9④-8人面付土器（J-34947），11⑥中広形銅矛（J-8457），11⑥平形銅剣（J-34529），11⑥扁平鈕式銅鐸（J-23713），11⑥中広形銅戈（J-34799），11⑥大阪湾型銅戈（J-8371），14②伝香川県出土銅鐸（J-37433），15①多鈕細文鏡（J-20188），17①三遠式銅鐸（J-6731），17①近畿式銅鐸（J-826）／与謝野町教育委員会：9⑤，13⑬，18④⑤／佐賀県：9⑦，12⑥，13①③④⑨⑫，15④，16②，21④／静岡市立登呂博物館：10②／飯塚市歴史資料館：10④上，12④／糸島市立伊都国歴史博物館：10④下，19②（九州歴史資料館蔵），19⑧（文化庁蔵）／山鹿市教育委員会：11①左／東北大学大学院文学研究科考古学研究室：11①右／山口県埋蔵文化財センター：11②，14⑧右／公益財団法人千葉県教育振興財団：11③／島根県教育庁埋蔵文化財調査センター：11⑥中細形銅剣（文化庁蔵），20②／和泉市教育委員会：11⑦／佐賀県立博物館：11⑧，15⑥／九州歴史資料館：12⑧，17①a，17②，19②③④／守山市教育委員会：12⑫，13⑩／宇佐市教育委員会：13⑤／長野県埋蔵文化財センター：13⑥⑪／常陸大宮市：13⑦／神戸市立博物館・DNPartcom：14①③（神戸市立博物館蔵）／志木市教育委員会：14⑧左（市指定文化財）／壱岐市教育委員会：15②／長野県木島平村教育委員会：15③／浦添市教育委員会：15⑦／伊達市教育委員会：15⑧，15⑫（ともに文化庁蔵）／新潟県埋蔵文化財センター：15⑩／石狩市教育委員会：15⑪／愛媛県埋蔵文化財センター：16①／高槻市：16③／神奈川県教育委員会：16⑥／朝霞市教育委員会：16⑦／東京都北区飛鳥山博物館：16⑧／淡路市教育委員会：16⑨／国立歴史民俗博物館：17①b，19⑤／徳島県立埋蔵文化財総合センター：17③／山陽新聞社：18①／岡山大学考古学研究室：18②／福井市立郷土歴史博物館：18⑦／出雲弥生の森博物館：18⑧／島根県立古代出雲歴史博物館：18⑨，19⑬（文化庁蔵）／福岡市博物館蔵（画像提供＝福岡市博物館/ DNPartcom）：19⑦／京丹後市教育委員会：20③／桜井市教育委員会：20④⑧，21⑦／梅原章一：20⑦／苅田町歴史資料館：20⑨／那珂川町教育委員会：20⑩／福島県会津坂下町教育委員会：20⑪／春日市教育委員会：21②／かみつけの里博物館：21⑨

■図版出典（以下より作成）

山内清男 1937「縄紋土器型式の細別と大別」『先史考古学』第１巻第１号：2②／設楽博己 2007『日本の美術 12 No.499　縄文土器　晩期』至文堂／甲元眞之 2001『中国新石器時代の生業と文化』中国書店：5①／李相吉 2002「韓国の水稲と畠作」『東アジアと日本の考古学Ⅳ』同成社：5②③／高知県教育委員会 1986『田村遺跡群』：5⑤／岡村渉 2008「③静清平野　登呂遺跡」『弥生時代の考古学８』同成社：6①／佐藤由紀男 1999『縄文弥生移行期の土器と石器』雄山閣：7②／日本第四紀学会編 1992『図解・日本の人類遺跡』東京大学出版会：7③／杉本智彦「カシミール３D」を使用して作成：8①，10④，19⑥／佐賀県教育委員会 1994『吉野ヶ里』：8②／（財）大阪府文化財調査研究センター 2008『八尾南遺跡』：8③／芦屋市教育委員会 1964『会下山遺跡』：8⑦／地理院地図（電子国土Web）より作成：8⑧／大阪府弥生文化博物館 2011『弥生文化のはじまり』（中橋孝博 1997「人骨から見た弥生人の顔」『考古学ジャーナル』第416号 ニューサイエンス社，馬場悠男 1998「考古学と人類学」『考古学と自然科学』1　同成社）：9①上／前原市教育委員会 1996『上鑵子遺跡』：9④-1／君津郡市文化財センター 1996『常代遺跡群』：10③／福岡県飯塚市立岩遺蹟調査委員会 1977『立岩遺蹟』，下條信行ほか 1972『奴国展』夕刊フクニチ新聞社：10④／鳥栖市教育委員会 1985『安永田遺跡』：11⑥福田型銅鐸／田中琢 1991『倭人争乱』集英社（佐原真の研究成果）：12②／春成秀爾・佐原真 1997「銅鐸絵画集成」『歴博フォーラム 銅鐸の絵を読み解く』小学館：14④⑤／杉原荘介 1961「神奈川県藤沢市引地伊勢山遺跡の土器」『弥生式土器集成（資料編）』，三重県立神戸高等学校郷土研究クラブ 1961『上箕田』：14⑥／大和弥生文化の会編 2003『奈良県の弥生土器集成』：14⑦／小松市教育委員会 2003『八日市地方遺跡』：14⑨／村上恭通 1998『倭人と鉄の考古学』：16⑩／平尾良光編著 1999『古代青銅の流通と鋳造』鶴山堂：17⑨／間壁忠彦ほか 1977「岡山県真備町黒宮大塚古墳」『倉敷考古館研究集報』第13号：18⑥／大阪府立弥生文化博物館 1997『卑弥呼誕生』：19⑪⑫／『陸軍陸地測量部２万分１正式図』「博多」「春日」「神崎」「丹波市」「溝口」：21①③⑤⑥／福嶋正史 2000『新田東部遺跡群Ⅱ』：21⑧

上記以外は著者

遺跡には感動がある

――シリーズ「遺跡を学ぶ」刊行にあたって――

「遺跡には感動がある」。これが本企画のキーワードです。

あらためていうまでもなく、専門の研究者にとっては遺跡の発掘こそ考古学の基礎をなす基本的な手段です。また、はじめて考古学を学ぶ若い学生や一般の人びとにとって「遺跡は教室」です。

日本考古学では、もうかなり長期間にわたって、発掘・発見ブームが続いています。そして、毎年厖大な数の発掘調査報告書が、主として開発のための事前発掘を担当する埋蔵文化財行政機関や地方自治体などによって刊行されています。そこには専門研究者でさえ完全には把握できないほどの情報や記録が満ちあふれています。しかし、その遺跡の発掘によってどんな学問的成果が得られたのか、その遺跡やそこから出た文化財が古い時代の歴史を知るためにいかなる意義をもつのかなどといった点を、莫大な記述・記録の中から読みとることははなはだ困難です。ましてや、考古学に関心をもつ一般の社会人にとっては、刊行部数が少なく、数があっても高価なその報告書を手にすることすら、ほとんど困難といってよい状況です。

いま日本考古学は過多ともいえる資料と情報量の中で、考古学とはどんな学問か、また遺跡の発掘から何を求め、何を明らかにすべきかといった「哲学」と「指針」が必要な時期にいたっていると認識します。

本企画は「遺跡には感動がある」をキーワードとして、発掘の原点から考古学の本質を問い続ける試みとして、日本考古学が存続する限り、永く継続すべき企画と決意しています。いまや、考古学にすべての人びとの感動を引きつけることが、日本考古学の存立基盤を固めるために、欠かせない努力目標の一つです。必ずや研究者のみならず、多くの市民の共感をいただけるものと信じて疑いません。

二〇〇四年一月

戸沢　充則

著者紹介

安藤広道（あんどう・ひろみち）

1964年生まれ。神奈川県出身。慶應義塾大学文学部教授。

慶應義塾大学大学院後期博士課程単位取得。横浜市歴史博物館学芸員、東京国立博物館研究員を経て現職。

主な著書 『考古資料大観6 弥生・古墳時代 青銅・ガラス製品』（小学館 分担執筆 2003）、『原始絵画の研究 論考編』（六一書房 分担執筆 2006）、『弥生時代の考古学』5・8・9（同成社 分担執筆 2008・2009・2011）、『講座日本の考古学6 弥生時代 下』（青木書店 分担執筆 2011）、『考古調査ハンドブック12 弥生土器』（ニューサイエンス社 分担執筆 2015）、『慶應義塾大学日吉キャンパス一帯の戦争遺跡の研究』『同Ⅱ』（慶應義塾大学民族学考古学研究室 編著 2014・2020）

シリーズ「遺跡を学ぶ」別冊06

ビジュアル版　弥生時代ガイドブック

2023年 9月10日　第1版第1刷発行

著　者＝安藤広道

発　行＝新 泉 社

東京都文京区湯島1－2－5　聖堂前ビル
TEL 03 (5296) 9620 ／ FAX 03 (5296) 9621
印刷／三秀舎　製本／榎本製本

ISBN978－4－7877－2330－7　C1021

新泉社

シリーズ「遺跡を学ぶ」

048 最古の農村　板付遺跡　山崎純男　1500円＋税
福岡空港のすぐ近く、復元された環濠集落と水田跡がみられるこの遺跡で、列島で最古の水田がみつかった。朝鮮半島からもたらされ、歴史を大きく動かした水田のはじまりを解明する。

051 邪馬台国の候補地　纒向遺跡　石野博信　1500円＋税
二世紀末に突然あらわれ、四世紀中頃に突然消滅したこの大集落は、邪馬台国の有力な候補地のひとつである。祭祀場跡や大溝、各地から訪れた人びとの痕跡、古墳などから追究する。

099 弥生集落像の原点を見直す　登呂遺跡　岡村 渉　1500円＋税
弥生時代の集落＝大環濠と巨大建物の〝クニ〟のイメージがあるが、登呂遺跡は住居と水田が一体となった集落である。二〇〇〇年頃の再発掘の成果をふまえ、弥生集落像を問い直す。

115 邪馬台国時代のクニの都　吉野ヶ里遺跡　七田忠昭　1600円＋税
大発見以来、卑弥呼の宮都かと話題になってきた吉野ヶ里遺跡。集落の成立から終焉までの展開をくわしく追究。多角的な検討をとおして、邪馬台国時代のクニの都であることを論じる。

135 ヤマト王権誕生の礎となったムラ　唐古・鍵遺跡　藤田三郎　1600円＋税
弥生時代の大環濠集落、唐古・鍵ムラは列島の西と東を結び、七〇〇年間繁栄をつづけた。この大集落によってクニへの道が築かれ、纒向遺跡へ、伝説の王宮の地へとつながってゆく。